Este documento ésta orientado a proporcionar información exacta y fiable en relación con el tema y la cuestión tratados.

En ningún caso es legal la reproducción, duplicación o transmisión de cualquier parte de este documento, ya sea por medios electrónicos o en formato impreso. La grabación de esta publicación esta estrictamente prohibida y no se permite el almacenamiento de este documento a menos que cuente con la autorización por escrito del editor. Todos los derechos reservados.

La información proporcionada en este documento se declara veraz y coherente, por lo que cualquier responsabilidad, en términos de falta de atención o de otro tipo, por cualquier uso o abuso de cualquier política, proceso o instrucciones contenidas en el mismo, es responsabilidad única y absoluta del lector receptor. En ninguna circunstancia se podrá responsabilizar o culpar al editor por cualquier reparación, daño o pérdida monetaria debida a la información aquí contenida, ya sea directa o indirectamente.

El autor respectivo es propietario de todos los derechos de autor que no están en manos del editor.

La información contenida en este documento se ofrece únicamente con fines informativos, y es universal como tal. La presentación de la información es sin contrato ni ningún tipo de garantía.

"Construyendo el Futuro: Guía Práctica de Inteligencia Artificial para Emprendedores en 2025"

Introducción

- Presentación del libro y su propósito.

- Breve explicación sobre el impacto de la inteligencia artificial en la vida cotidiana y en el mundo empresarial.

- Importancia de comprender y adoptar la inteligencia artificial para mejorar la competitividad y eficiencia de los negocios.

Capítulo 1: ¿Qué es la Inteligencia Artificial?

- Definición de inteligencia artificial y sus diferentes ramas.

- Ejemplos de aplicaciones de inteligencia artificial en la vida cotidiana y en diversos sectores empresariales.

- Importancia de comprender los conceptos básicos de IA para aprovechar su potencia en los negocios.

-Historia e hitos de la IA

Capítulo 2: Beneficios de la Inteligencia Artificial para Autónomos y Empresas

- Exploración de cómo la inteligencia artificial puede mejorar la productividad y eficiencia en diferentes áreas de negocio.

- Ejemplos de cómo la IA puede optimizar procesos, reducir costos y aumentar la rentabilidad.

- Importancia de adaptarse a las nuevas tecnologías para mantenerse competitivo en el mercado actual.

- RRSS y IA

Capítulo 3: Integración de la Inteligencia Artificial en las Operaciones Empresariales

- Pasos prácticos para la implementación de soluciones de inteligencia artificial en diferentes áreas funcionales, como ventas, marketing, atención al cliente, etc.

- Estrategias para seleccionar las herramientas y tecnologías de IA adecuadas para las necesidades específicas de cada negocio.

- Ejemplos de casos de éxito de empresas que han integrado con éxito la IA en sus operaciones.

Capítulo 4: Maximizando Ventas con Inteligencia Artificial

- Exploración de cómo la inteligencia artificial puede mejorar las estrategias de ventas y marketing.

- Uso de análisis predictivo para identificar oportunidades de venta y predecir el comportamiento del cliente.

- Ejemplos de herramientas y técnicas de IA que pueden ayudar a aumentar las ventas y maximizar el retorno de la inversión.

Capítulo 5: Automatización de Procesos y Optimización de Recursos

- Importancia de la automatización de procesos empresariales mediante la inteligencia artificial.

- Ejemplos de cómo la IA puede ayudar a optimizar la gestión de inventario, la logística, la contabilidad y otras áreas operativas.

- Estrategias para implementar sistemas de IA de manera efectiva y asegurar una transición suave.

Capítulo 6: Retos y Consideraciones Éticas

- Discusión sobre los desafíos éticos y sociales asociados con el uso de inteligencia artificial en los negocios.

- Importancia de abordar temas como la privacidad de los datos, la equidad y la transparencia en el desarrollo y la implementación de tecnologías de IA.

- Estrategias para mitigar riesgos y garantizar un uso ético de la inteligencia artificial en las empresas.

Capítulo 7: El Futuro de la Inteligencia Artificial en los Negocios

- Tendencias emergentes en el desarrollo y la aplicación de inteligencia artificial en el mundo empresarial.

- Predicciones sobre cómo la IA continuará transformando la forma en que operan los negocios en el futuro.

- Consejos para mantenerse actualizado y aprovechar las oportunidades que ofrece la evolución tecnológica.

Conclusiones

- Recapitulación de los principales puntos discutidos en el libro.

- Reflexiones finales sobre la importancia de la inteligencia artificial para autónomos y empresas.

- Invitación a los lectores a explorar más sobre el tema y a comenzar su propio viaje hacia la adopción de la IA en sus negocios.

Introducción

¡Bienvenidos a un viaje hacia el futuro de los negocios y la autonomía, donde la inteligencia artificial (IA) se erige como el motor de la transformación! En las páginas de este libro, nos sumergiremos en un océano de posibilidades donde la IA no solo se presenta como una herramienta, sino como un compañero indispensable en el viaje hacia la excelencia empresarial y la libertad autónoma.

Imaginen un mundo donde las máquinas no solo piensan, sino que anticipan nuestras necesidades, donde las empresas no solo operan, sino que brillan con una eficiencia y precisión nunca vistas anteriormente. Este es el universo que la inteligencia artificial está esculpiendo, trascendiendo los límites de lo imaginable y convirtiéndose en el corazón palpitante de la innovación y la prosperidad en esta era digital.

Desde los algoritmos que dan vida a los motores de búsqueda hasta los sistemas de análisis predictivo que delinean estrategias empresariales, la IA es la musa que inspira cada paso hacia adelante. Es el toque mágico que transforma datos en decisiones, incertidumbre en oportunidades y caos en orden. Es, en esencia, la fuerza impulsora detrás de una nueva era de posibilidades infinitas.

Pero más allá de su omnipresencia tecnológica, la IA es un puente que conecta el presente con el futuro, una brújula que señala el camino hacia la excelencia. Comprender su potencial y abrazar su poder no es solo una opción, sino una necesidad imperiosa para aquellos que buscan no solo sobrevivir, sino prosperar en el dinámico panorama empresarial actual.

En estas páginas, desentrañaremos los secretos de la inteligencia artificial y exploraremos cómo puede maximizar las ventas y optimizar las operaciones, ofreciendo un mapa detallado hacia el éxito empresarial y la autonomía personal. Prepárense para desafiar lo convencional, para abrazar lo desconocido y para descubrir un mundo donde la IA no es solo una herramienta, sino un compañero de viaje en el camino hacia la grandeza. Bienvenidos a **"Construyendo el Futuro: Guía Práctica de Inteligencia Artificial para Emprendedores en 2025"**

Capítulo 1: ¿Qué es la Inteligencia Artificial?

La inteligencia artificial (IA) es un campo fascinante de la informática que busca desarrollar sistemas capaces de realizar tareas que normalmente requerirían inteligencia humana. Esto incluye aprender de la experiencia, adaptarse a nuevas situaciones, reconocer patrones y tomar decisiones basadas en datos. Desde sus inicios hasta la actualidad, la IA ha pasado por varias etapas de desarrollo, con avances significativos en algoritmos, tecnologías y aplicaciones. Vamos a explorar más a fondo este emocionante campo, desde su historia hasta sus ramificaciones modernas y su impacto en nuestras vidas cotidianas y en el mundo empresarial.

Historia de la Inteligencia Artificial

La historia de la inteligencia artificial se remonta a la antigüedad, con mitos y leyendas que hablan de autómatas y máquinas que imitan la inteligencia humana. Sin embargo, el nacimiento formal de la IA como campo de estudio se sitúa en la década de 1950, cuando investigadores como Alan Turing y John McCarthy comenzaron a explorar la posibilidad de crear máquinas que pudieran pensar y razonar como los seres humanos.

En los primeros años, el enfoque principal de la IA era el desarrollo de programas capaces de resolver problemas de lógica y matemáticas. Uno de los hitos más importantes de esta época fue el programa de ajedrez desarrollado por Claude Shannon en 1950, que demostró que una máquina podía jugar al ajedrez de manera competente siguiendo reglas predefinidas.

En la década de 1960, se produjeron avances significativos en el campo de la IA, con el desarrollo de lenguajes de programación específicos para la inteligencia artificial, como LISP. Durante este período, se crearon también los primeros sistemas de reconocimiento de patrones y traducción automática, sentando las bases para futuros desarrollos en áreas como el procesamiento del lenguaje natural y la visión por computadora.

En los años siguientes, la IA experimentó períodos de gran optimismo y desilusión, conocidos como "inviernos de la IA", donde el progreso se estancó debido a la falta de avances tecnológicos y financieros. Sin embargo, a partir de la década de 1990, la IA experimentó un renacimiento gracias a la disponibilidad de grandes cantidades de datos y al desarrollo de algoritmos de aprendizaje automático más avanzados.

En los últimos años, hemos sido testigos de un rápido avance en el campo de la IA, impulsado por el aumento del poder computacional, la disponibilidad de grandes conjuntos de datos y los avances en algoritmos de aprendizaje profundo. Hoy en día, la IA está presente en numerosas aplicaciones y sectores, desde los motores de búsqueda que utilizamos a diario hasta los sistemas de conducción autónoma en vehículos.

Algunos de los hitos más destacados en la historia de la IA y su impacto en la sociedad:

Fundación del Campo de la Inteligencia Artificial (1950s): La década de 1950 marcó el nacimiento formal del campo de la inteligencia artificial. Alan Turing, pionero en computación y matemáticas, publicó su influyente artículo "Computing Machinery and Intelligence" en 1950, donde propuso el famoso "Test de Turing" como un criterio para determinar si una máquina puede exhibir un comportamiento inteligente. En 1956, John McCarthy, Marvin Minsky, Nathaniel Rochester y Claude Shannon organizaron la Conferencia de Dartmouth, considerada el punto de partida oficial de la IA como un campo de investigación interdisciplinario.

Primer Programa de Ajedrez (1950): Claude Shannon desarrolló el primer programa de ajedrez funcional en 1950, conocido como "Tiger Chess". Aunque este programa era limitado en sus capacidades, sentó las bases para futuras investigaciones en el campo de la toma de decisiones automatizada y el desarrollo de sistemas expertos.

Desarrollo de Lenguajes de Programación para IA (1958): John McCarthy y sus colegas desarrollaron el lenguaje de programación LISP en 1958, diseñado específicamente para la inteligencia artificial. LISP se convirtió en un lenguaje fundamental para el desarrollo de sistemas de IA y ha influido en numerosos lenguajes de programación modernos.

Perceptrón de Rosenblatt (1957): En 1957, Frank Rosenblatt desarrolló el perceptrón, uno de los primeros modelos de aprendizaje automático. El perceptrón consistía en una red neuronal artificial de una sola capa que podía aprender a reconocer patrones simples en datos de entrada. Aunque el perceptrón tenía limitaciones en términos de su capacidad para aprender patrones complejos, sentó las bases para futuros desarrollos en el campo del aprendizaje profundo.

Primer Sistema de Reconocimiento de Patrones (1960s): Durante la década de 1960 se desarrollaron los primeros sistemas de reconocimiento de patrones, que utilizaban técnicas de IA para identificar y clasificar patrones en datos complejos. Un ejemplo notable es el sistema de reconocimiento de caracteres OCR (Optical Character Recognition), desarrollado por IBM en 1961, que podía leer y digitalizar texto impreso.

Inviernos de la IA (1970s-1980s): Durante las décadas de 1970 y 1980, la IA experimentó períodos de desilusión y estancamiento, conocidos como "inviernos de la IA". Estos períodos estuvieron marcados por la falta de avances tecnológicos significativos, así como por la escasez de financiamiento y apoyo público para la investigación en IA.

Renacimiento de la IA (1990s): A partir de la década de 1990, la IA experimentó un renacimiento gracias al aumento del poder computacional y la disponibilidad de grandes conjuntos de datos. Este período estuvo marcado por avances significativos en áreas como el aprendizaje automático, el procesamiento del lenguaje natural y la visión por computadora.

Auge del Aprendizaje Profundo (2010s): En la última década, el aprendizaje profundo ha revolucionado el campo de la inteligencia artificial. El aprendizaje profundo es una forma de aprendizaje automático que utiliza redes neuronales artificiales con múltiples capas de procesamiento para aprender representaciones jerárquicas de datos. Esto ha permitido avances significativos en áreas como el reconocimiento de imágenes, la traducción automática y los vehículos autónomos.

Aplicaciones de IA en la Sociedad Moderna: Hoy en día, la IA está presente en una variedad de aplicaciones y sectores, desde los motores de búsqueda que utilizamos a diario hasta los sistemas de conducción autónoma en vehículos. La IA se utiliza en campos tan diversos como la medicina, la agricultura, la educación, el comercio electrónico y la seguridad, entre otros.

Estos hitos representan solo algunos de los momentos más importantes en la historia de la inteligencia artificial. A medida que la tecnología continúa avanzando, es probable que veamos nuevos hitos que impulsen aún más el campo y su impacto en la sociedad. La inteligencia artificial continúa siendo un campo emocionante y en constante evolución, con el potencial de transformar radicalmente nuestra forma de vivir, trabajar y relacionarnos con el mundo que nos rodea.

En resumen, la inteligencia artificial es una tecnología transformadora que ha evolucionado a lo largo de los años, desde sus modestos comienzos hasta convertirse en una fuerza omnipresente en nuestras vidas y en el mundo empresarial. En los siguientes capítulos, exploraremos más a fondo cómo las empresas y los autónomos pueden aprovechar al máximo esta tecnología emocionante para maximizar las ventas y optimizar las operaciones

Definición de Inteligencia Artificial y sus Diferentes Ramas

La inteligencia artificial abarca una variedad de subcampos, cada uno enfocado en diferentes aspectos de la capacidad humana. Algunas de las ramas más importantes de la IA incluyen:

Aprendizaje Automático (Machine Learning): Este subcampo se centra en el desarrollo de algoritmos y modelos que permiten a las computadoras aprender de los datos y mejorar su rendimiento con el tiempo sin necesidad de ser programadas explícitamente.

Redes Neuronales Artificiales: Inspiradas en el funcionamiento del cerebro humano, las redes neuronales artificiales son modelos computacionales que consisten en capas de nodos interconectados, cada uno de los cuales realiza una operación simple. Estas redes son capaces de aprender patrones complejos y realizar tareas como reconocimiento de imágenes, procesamiento de lenguaje natural y más.

Procesamiento del Lenguaje Natural (Natural Language Processing, NLP): Se refiere a la capacidad de las computadoras para entender, interpretar y generar lenguaje humano de manera natural. Esto incluye tareas como traducción automática, análisis de sentimientos en redes sociales y generación de texto automatizada.

Visión por Computadora: Esta rama se centra en desarrollar algoritmos y sistemas que permiten a las computadoras interpretar y comprender el contenido visual, como imágenes y videos. Ejemplos incluyen reconocimiento facial, detección de objetos en imágenes y seguimiento de movimiento en videos.

Ejemplos de Aplicaciones de Inteligencia Artificial en la Vida Cotidiana y en Diversos Sectores Empresariales:

La inteligencia artificial se ha infiltrado en muchas áreas de nuestras vidas cotidianas y en una amplia gama de sectores empresariales. Algunos ejemplos notables incluyen:

- Asistentes Virtuales: Los asistentes como Siri, Alexa y Google Assistant utilizan IA para entender y responder a las preguntas de los usuarios, realizar tareas simples y controlar dispositivos inteligentes en el hogar.

- Recomendaciones de Productos: Plataformas como Amazon y Netflix utilizan algoritmos de IA para analizar el historial de compras o visualización de los usuarios y recomendar productos o contenido relevante.

- Automatización de Procesos: En el ámbito empresarial, la IA se utiliza para automatizar tareas repetitivas y mejorar la eficiencia operativa. Por ejemplo, en el sector manufacturero, los robots equipados con IA pueden realizar tareas de ensamblaje de manera más rápida y precisa que los humanos.

- Diagnóstico Médico: Los sistemas de IA pueden analizar imágenes médicas como radiografías y resonancias magnéticas para ayudar en el diagnóstico de enfermedades como el cáncer o identificar anomalías en órganos.

Importancia de Comprender los Conceptos Básicos de IA para Aprovechar su Potencial en los Negocios

Es esencial que las empresas y los autónomos comprendan los fundamentos de la inteligencia artificial para aprovechar su potencial en los negocios. La IA puede proporcionar una ventaja competitiva significativa al mejorar la eficiencia, la precisión y la capacidad de tomar decisiones basadas en datos. Al comprender cómo funcionan las diferentes ramas de la IA y cómo se aplican en diversos sectores empresariales, las organizaciones pueden identificar oportunidades para implementar soluciones de IA que impulsen el crecimiento y la innovación.

Capítulo 2: Beneficios de la Inteligencia Artificial para Autónomos y Empresas

La inteligencia artificial (IA) no solo representa una oportunidad para la innovación, sino que también ofrece una serie de beneficios tangibles para autónomos y empresas en una amplia gama de sectores. En este capítulo, exploraremos detalladamente cómo la IA puede mejorar la productividad y eficiencia en diferentes áreas de negocio, con ejemplos concretos de cómo puede optimizar procesos, reducir costos y aumentar la rentabilidad. Además, discutiremos la importancia de adaptarse a las nuevas tecnologías para mantenerse competitivo en un mercado cada vez más digitalizado.

1. Mejora de la Productividad y Eficiencia

La inteligencia artificial puede impulsar la productividad y eficiencia en diversas áreas de negocio al automatizar tareas repetitivas, optimizar procesos y proporcionar información valiosa para la toma de decisiones.

Ejemplo en el sector manufacturero: Predicción de la demanda con SAP Integrated Business Planning (IBP)

Descripción: SAP IBP es una solución de planificación empresarial que utiliza algoritmos de IA para prever la demanda de productos. Al analizar datos históricos y variables externas como el clima y los eventos del mercado, SAP IBP puede prever con precisión la demanda futura. Esto permite a las empresas ajustar la producción y los inventarios de manera más eficiente, reduciendo el tiempo de inactividad y los costos asociados.

Costos y Suscripciones: SAP IBP ofrece una variedad de planes de suscripción que se adaptan a las necesidades de diferentes empresas. Por ejemplo, los precios pueden oscilar entre 10,000 y 200,000€ por año, dependiendo del tamaño de la empresa y el alcance de la implementación.

2. Optimización de Procesos y Reducción de Costos

La inteligencia artificial puede optimizar procesos empresariales y reducir costos al identificar áreas de mejora, eliminar cuellos de botella y aumentar la eficiencia operativa.

Ejemplo en el sector financiero: Análisis de riesgo de crédito con FICO Decision Management Suite

Descripción: FICO Decision Management Suite es una plataforma de IA que ayuda a las instituciones financieras a evaluar el riesgo de crédito de los clientes. Utilizando algoritmos avanzados de aprendizaje automático, FICO puede analizar datos financieros, historiales de crédito y otros factores relevantes para generar puntuaciones de riesgo precisas. Esto permite a los prestamistas tomar decisiones informadas sobre la concesión de créditos, reduciendo el riesgo de impago y los costos asociados.

Costos y Suscripciones: Los precios de FICO Decision Management Suite pueden variar según el tamaño de la institución financiera y el alcance de la implementación. Por ejemplo, los costos pueden oscilar entre 20,000€ y varios cientos de miles de dólares al año.

3. Importancia de Adaptarse a las Nuevas Tecnologías

En el mercado actual, donde la competencia es feroz y la tecnología avanza rápidamente, es fundamental para autónomos y empresas adaptarse a las nuevas tecnologías, como la inteligencia artificial, para mantenerse competitivos y relevantes.

Ejemplo en el sector minorista: Personalización de recomendaciones con Adobe Target

Descripción: Adobe Target es una plataforma de IA que permite a los minoristas personalizar las recomendaciones de productos para cada cliente. Utilizando algoritmos de aprendizaje automático, Adobe Target analiza el comportamiento de compra y otros datos del cliente para ofrecer recomendaciones precisas y relevantes en tiempo real. Esto aumenta las ventas al proporcionar a los clientes productos que son más propensos a comprar, al tiempo que mejora la experiencia de compra.

Costos y Suscripciones: Adobe Target ofrece diferentes planes de suscripción que se adaptan a las necesidades de diferentes empresas. Por ejemplo, los precios pueden oscilar entre 1,000 y 10,000€ o más al mes, dependiendo del volumen de tráfico del sitio web y las funcionalidades adicionales requeridas.

En esta tabla comparativa se pueden apreciar algunos cambios de usar la IA:

Aspecto	Sin IA	Con IA
Automatización de Tareas Repetitivas	Las tareas repetitivas se realizan manualmente, lo que consume tiempo y recursos.	La IA automatiza tareas repetitivas, liberando a los empleados para que se centren en actividades más estratégicas.
Análisis Predictivo y Optimización de Procesos	La optimización de procesos se basa en métodos tradicionales y análisis retrospectivos.	La IA analiza grandes cantidades de datos para identificar patrones y oportunidades de mejora en tiempo real.
Asistencia en la Toma de Decisiones	Las decisiones empresariales se basan en la intuición y la experiencia, con un acceso limitado a datos relevantes.	La IA proporciona análisis y recomendaciones basadas en datos para respaldar la toma de decisiones informadas.

En las redes sociales el uso de la IA también es vital, te explico a continuación por qué:

Beneficios de la Inteligencia Artificial en Instagram y TikTok

Hoy en día, exponerse en redes sociales es primordial para el éxito en Internet. Las redes sociales como Instagram y Tiktok nos ayudan a conectar con nuestro publico objetivo, nos ayudan a exponer nuestra marca y nuestros productos de manera masiva con un par de clics, es por ello que debemos adaptarnos y comprender la importancia y el alcance que puede tener la IA en la integración de las redes sociales de nuestro empresa, marca o proyecto.

1. Personalización del Contenido: La IA en Instagram y TikTok analiza el comportamiento de los usuarios, como los tipos de publicaciones que les gustan, comparten o comentan, para ofrecer contenido personalizado. Por ejemplo, en Instagram, el algoritmo muestra publicaciones de cuentas que el usuario interactúa más frecuentemente, lo que mejora la experiencia del usuario y aumenta el compromiso.

2. Filtros y Efectos de Realidad Aumentada (RA): La IA alimenta los filtros y efectos de RA en ambas plataformas, permitiendo a los usuarios agregar efectos divertidos y creativos a sus fotos y videos. Por ejemplo, en TikTok, los efectos de AR pueden transformar la apariencia de los usuarios o agregar elementos animados a sus videos, lo que aumenta la participación y el atractivo del contenido.

3. Detección de Contenido Inapropiado: La IA en Instagram y TikTok ayuda a detectar y eliminar contenido inapropiado, como el acoso cibernético, la desnudez o el discurso de odio. Utilizando algoritmos de aprendizaje automático, estas plataformas pueden identificar automáticamente contenido problemático y tomar medidas para proteger a los usuarios y mantener un entorno seguro en línea.

4. Recomendaciones de Contenido: La IA recomienda contenido relevante a los usuarios en función de sus intereses y preferencias. Por ejemplo, en TikTok, el algoritmo analiza el comportamiento de los usuarios para mostrarles videos que puedan disfrutar lo que aumenta la retención y el tiempo dedicado a la plataforma.

Importancia de Adaptarse a la IA

1. Mejora la Experiencia del Usuario: La adaptación a la IA mejora la experiencia del usuario al ofrecer contenido personalizado, relevante y atractivo. Esto aumenta la retención de usuarios y fortalece la lealtad a la plataforma.

2. Optimización del Engagement y la Interacción: La IA aumenta el compromiso y la interacción de los usuarios al mostrarles contenido que es más probable que les guste, compartan o comenten. Esto impulsa el crecimiento y la visibilidad de las cuentas y aumenta el impacto de las campañas de marketing en las redes sociales.

3. Eficiencia en la Moderación de Contenido: La IA hace que la moderación de contenido sea más eficiente y efectiva al identificar automáticamente contenido inapropiado y tomar medidas rápidas para eliminarlo. Esto protege a los usuarios de experiencias negativas y promueve un ambiente en línea seguro y saludable.

4. Innovación y Competitividad: La adaptación a la IA permite a las plataformas de redes sociales mantenerse innovadoras y competitivas en un mercado en constante evolución. Aquellas que adoptan la IA pueden ofrecer nuevas características y funcionalidades que mantienen a los usuarios comprometidos y atraen a nuevos usuarios.

En aspecto de tabla comparativa, se vería así:

Aspecto	Instagram sin IA	Instagram con IA	TikTok sin IA	TikTok con IA
Mejora la Experiencia del Usuario	Ofrece contenido estático o poco personalizado.	Ofrece contenido personalizado, relevante y atractivo.	Ofrece contenido estático o poco personalizado.	Ofrece contenido personalizado, relevante y atractivo.
	Puede resultar en menor retención de usuarios.	Aumenta la retención de usuarios y fortalece la lealtad.	Puede resultar en menor retención de usuarios.	Aumenta la retención de usuarios y fortalece la lealtad.
Optimización del Engagement e Interacción	Depende de estrategias manuales para aumentar el compromiso.	Aumenta el compromiso y la interacción con contenido relevante.	Depende de estrategias manuales para aumentar el compromiso.	Aumenta el compromiso y la interacción con contenido relevante.
	Menor probabilidad de que los usuarios compartan o comenten.	Mayor probabilidad de que los usuarios interactúen con el contenido.	Menor probabilidad de que los usuarios compartan o comenten.	Mayor probabilidad de que los usuarios interactúen con el contenido.
Eficiencia en la Moderación de Contenido	Moderación manual con posibilidad de errores y retrasos.	Identificación automática y rápida acción sobre contenido inapropiado.	Moderación manual con posibilidad de errores y retrasos.	Identificación automática y rápida acción sobre contenido inapropiado.
	Mayor riesgo de experiencias negativas para los usuarios.	Promueve un ambiente en línea seguro y saludable.	Mayor riesgo de experiencias negativas para los usuarios.	Promueve un ambiente en línea seguro y saludable.
Innovación y Competitividad	Menor capacidad para mantenerse al día con las tendencias.	Permite ofrecer nuevas características y mantenerse competitivo.	Menor capacidad para mantenerse al día con las tendencias.	Permite ofrecer nuevas características y mantenerse competitivo.
	Menor capacidad para atraer y retener usuarios.	Atrae a nuevos usuarios y mantiene a los actuales comprometidos.	Menor capacidad para atraer y retener usuarios.	Atrae a nuevos usuarios y mantiene a los actuales comprometidos.

Ahora te presento una serie de herramientas que estoy seguro te ayudaran a generar contenido en RRSS. Empiezo:

 https://chat.openai.com/auth/login

Sobran las presentaciones. Si estás buscando una herramienta que te permita automatizar respuestas y generar contenido de manera rápida y eficiente, ChatGPT es la solución perfecta para ti. Gracias a su avanzada tecnología de Inteligencia Artificial destaca por su velocidad y precisión en las respuestas, lo que te permitirá atender a tus clientes y generar contenido en tiempo récord.
Pero eso no es todo. ChatGPT también cuenta con una amplia variedad de funcionalidades que la hacen ideal para cualquier negocio que quiera potenciar su presencia en línea. Desde la generación de contenidos hasta la automatización de respuestas, esta herramienta te permite sacar el máximo provecho de la IA para mejorar la interacción con tus clientes y aumentar el engagement en las redes sociales.
A continuación, te presentamos algunas de las funcionalidades más populares de ChatGPT, redactadas directamente por este chatbot:
Tip extra: Si quieres sacar todo el partido a ChatGPT dale un rol para que se meta en el papel y te dé una respuesta digna de un experto. Para ello, solo debes decirle, por ejemplo, 'Eres un experto en marketing digital' o 'Eres un experto en SEO' antes de formular tu petición. De esa manera, el chatbot te dará una respuesta aún más ajustada a la realidad de un experto de la materia en cuestión.

1. Mantener conversaciones informales: ChatGPT puede mantener conversaciones informales con los usuarios sobre una amplia variedad de temas, desde el clima hasta las noticias del día.
2. Responder preguntas: ChatGPT puede responder preguntas sobre una amplia gama de temas, desde historia y geografía hasta ciencia y tecnología.
3. Generar texto: ChatGPT puede generar texto a partir de un breve fragmento o una idea, lo que lo convierte en una herramienta útil para la escritura creativa o para generar contenido de redes sociales.
4. Completar oraciones: ChatGPT puede completar oraciones incompletas basadas en el contexto, lo que lo convierte en una herramienta útil para la escritura creativa o para ayudar a los usuarios a formular oraciones completas.
5. Traducir idiomas: ChatGPT es capaz de traducir texto entre idiomas, lo que lo convierte en una herramienta útil para comunicarse con personas de diferentes partes del mundo.
6. Analizar sentimientos: ChatGPT puede analizar el sentimiento de un texto y determinar si es positivo, negativo o neutro.

Si quisieras emprender un negocio online, podrías usar Chat GPT y usar una lista de prompts[1] que te dejo a continuación:

1. "Identifica una necesidad insatisfecha en el mercado y propón cómo tu negocio puede resolverla."

2. "Describe tu producto/servicio y cómo se diferencia de la competencia."

3. "Investiga y define tu público objetivo: ¿quiénes son, ¿qué necesitan y dónde se encuentran?"

4. "Elabora un plan de marketing digital: ¿cómo vas a promocionar tu negocio en línea?"

5. "Investiga las plataformas de venta en línea más adecuadas para tu producto/servicio (ej. Shopify, Amazon, Etsy)."

6. "Desarrolla un plan de logística y entrega: ¿cómo gestionarás los envíos y la satisfacción del cliente?"

7. "Define tus políticas de precios, devoluciones y atención al cliente."

8. "Investiga y establece estrategias para mejorar el posicionamiento de tu negocio en los motores de búsqueda (SEO)."

9. "Elabora un presupuesto inicial y un plan de financiamiento para tu negocio en línea."

10. "Crea un calendario de actividades y establece metas claras para el crecimiento de tu negocio en línea."

---

[1] un prompt es una instrucción o estímulo diseñado para iniciar una respuesta o una acción. En el contexto de la interacción con inteligencias artificiales como ChatGPT, un prompt es una frase, pregunta o idea que se presenta al sistema para obtener una respuesta relevante o generar contenido en base a esa entrada

Estos prompts en Chat GPT pueden servirte como punto de partida para iniciar un negocio en línea de manera exitosa. Recuerda adaptarlos a las necesidades específicas de tu negocio y sector. ¡Espero que te sean útiles!

https://www.canva.com

Canva es un must entre los expertos en social media, así que posiblemente ya lo conozcas, pero quizá no sepas es que ha integrado la IA en muchas de sus funcionalidades en las últimas semanas para facilitar la creación de diseños personalizados para redes sociales, incluyendo carteles, logos y vídeos, etc.
Esta herramienta ofrece una amplia variedad de plantillas e imágenes que se pueden personalizar con el propio contenido del usuario (o el facilitado por Chat GPT). Además permite compartir y descargar diseños con gran facilidad.
Pero, ¿cómo funciona la IA en Canva? La plataforma cuenta con un generador de imágenes que convierte texto en imagen. A través de la aplicación "Text to Image", los usuarios pueden crear diseños personalizados a partir de simples palabras. Para ello, basta con acceder a las aplicaciones de Canva o abrir una plantilla de diseño y empezar a generar imágenes mediante la IA. ¿Te atreves a probarlo?

Ahora te incluyo algunos prompts que puedes usar en Canva para generar contenido atractivo y usar como parte de tu estrategia si quisieras crear un negocio online o un e-commerce:

1. "Diseña un banner promocional para el lanzamiento de tu negocio."
2. "Crea una publicación para redes sociales anunciando un descuento especial."
3. "Elabora una infografía destacando las ventajas de tus productos/servicios."
4. "Diseña una portada para tu página web que refleje la identidad de tu marca."
5. "Crea una serie de imágenes para Instagram mostrando el proceso detrás de escena de tu negocio."
6. "Elabora un folleto informativo sobre los beneficios de tus productos/servicios."
7. "Diseña una plantilla de correo electrónico para enviar a tus clientes potenciales."
8. "Crea un póster para un evento especial o una venta flash."
9. "Desarrolla una presentación visual para destacar los puntos clave de tu negocio."
10. "Elabora un diseño para una camiseta que represente tu marca."

Estos prompts pueden servir como inspiración para crear contenido visual atractivo y efectivo para promocionar tu negocio en línea. Recuerda adaptar los diseños según las necesidades y el estilo de tu marca

https://www.copy.ai/?via=start

Copy.AI es una herramienta que te permite generar cualquier tipo de contenido que necesites como artículos para blogs, anuncios, descripciones de productos o publicaciones en redes sociales.
Es una plataforma muy intuitiva, ya que basta con definir la descripción o el título del producto, proporcionar información básica sobre el tema y seleccionar el enfoque que se desee como persuasivo o profesional, entre otros, ¡y voilà! tendrás un primer borrador de texto que podrás usar como inspiración o usarlo, siempre y cuando, pase la revisión de un profesional.

¿Cuáles prompts serian útiles para empezar tu marca en copy.ai?

Aquí tienes una lista de prompts que podrías utilizar en Copy.ai para generar contenido escrito para tu negocio en línea:

1. "Crea un eslogan pegajoso para mi marca."

2. "Genera una descripción atractiva para mi producto/servicio."

3. "Escribe una serie de publicaciones para redes sociales anunciando el lanzamiento de mi negocio."

4. "Genera ideas para titulares de blogs relacionados con mi industria."

5. "Elabora un guion para un video promocional de mi negocio."

6. "Crea un correo electrónico persuasivo para enviar a mi lista de suscriptores."

7. "Escribe un texto convincente para un anuncio en línea."

8. "Genera contenido para una landing page que capte la atención de los visitantes."

9. "Escribe una respuesta automática para mensajes de clientes potenciales en mi sitio web."

10. "Elabora un texto para un folleto promocional destacando los beneficios de mi producto/servicio.

Estos prompts pueden ayudarte a generar contenido escrito de manera rápida y efectiva utilizando Copy.ai. Asegúrate de revisar y personalizar el contenido generado según las necesidades específicas de tu negocio.

 **DeepL**

https://www.deepl.com/translator

Deep L ofrece traducciones automáticas hasta en 26 idiomas para textos y archivos. Es una herramienta muy fácil de usar y, además, es gratuita para los usuarios habituales. Es posible acceder a la plataforma en línea para traducciones de hasta 5000 caracteres, o integrarlo en el ordenador mediante la versión PRO. Este software es sumamente útil para cualquier redactor, ya que permite acelerar el proceso de traducción y, por tanto, aumentar su productividad al máximo.

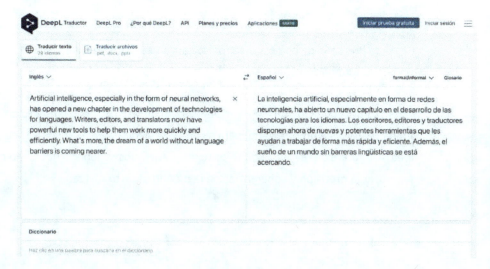

Aquí tienes una lista de prompts que podrías usar en DeepL para generar contenido escrito para tu negocio en línea:

1. "Por favor, traduce este texto promocional al inglés/francés/alemán, etc."

2. "Genera un texto persuasivo para una campaña de correo electrónico."

3. "Traduce estas publicaciones de redes sociales al idioma de destino."

4. "Escribe una descripción atractiva para mi producto/servicio en otro idioma."

5. "Crea un mensaje de bienvenida para mi sitio web en varios idiomas."

6. "Traduce esta página de mi sitio web para alcanzar una audiencia global."

7. "Genera un artículo informativo sobre un tema relevante para mi audiencia internacional."

8. "Elabora un guion para un video promocional con subtítulos en varios idiomas."

9. "Traduce los testimonios de clientes para aumentar la credibilidad de mi negocio en línea."

10. "Crea una serie de correos electrónicos automatizados para mi campaña de marketing internacional."

Estos prompts te ayudarán a utilizar DeepL para generar contenido escrito en diferentes idiomas, lo que es útil para alcanzar audiencias globales con tu negocio en línea. Asegúrate de revisar y editar los textos generados según sea necesario para garantizar la precisión y coherencia con la identidad de tu marca.

HeyGen

www.heygen.com

Synthesia es una plataforma de generación de vídeos de Inteligencia Artificial que permite crear rápidamente vídeos con avatares de IA en más de 120 idiomas. Ofrece plantillas, un grabador de pantalla y muchas otras funciones útiles.
El funcionamiento de la plataforma es muy sencillo. Primero, se selecciona el actor que aparecerá en el vídeo o se crea un avatar personalizado, se elige el idioma y se personalizan aspectos como el fondo, texto, imágenes, entre otros.

A continuación, se debe facilitar el guión del vídeo, y luego se utilizará la IA para crear el resto. Gracias a esta aplicación, crear vídeos de alta calidad con avatares de IA nunca ha sido tan fácil ni eficiente como ahora. Eso sí, en la versión gratuita sólo podrás conseguir pequeñas muestras de los vídeos, si necesitas algo más elaborado, tienes que acceder a la versión premium.

Heygen es otra herramienta de generación de texto similar a Copy.ai. Aquí tienes una lista de prompts que podrías utilizar en Heygen para generar contenido escrito para tu negocio en línea:

1. "Escribe un eslogan creativo para mi marca."

2. "Genera una serie de mensajes para redes sociales promocionando el lanzamiento de mi negocio."

23

3. "Crea un correo electrónico persuasivo para mi lista de suscriptores anunciando una oferta especial."

4. "Elabora un guion para un video promocional de mi producto/servicio."

5. "Genera ideas para titulares de blogs relevantes para mi industria."

6. "Escribe una descripción convincente para mi producto/servicio."

7. "Crea un texto para una landing page que capte la atención de los visitantes."

8. "Genera contenido para un folleto promocional resaltando los beneficios de mi producto/servicio."

9. "Escribe una respuesta automática para mensajes de clientes potenciales en mi sitio web."

10. "Elabora una serie de correos electrónicos automatizados para nutrir a los clientes potenciales."

Estos prompts pueden ayudarte a utilizar Heygen para generar contenido escrito de manera rápida y efectiva para tu negocio en línea. Asegúrate de revisar y personalizar el contenido generado según las necesidades específicas de tu marca y tu audiencia.

 **grammarly**

https://www.grammarly.com

La aplicación Grammarly es una herramienta impulsada por inteligencia artificial que ayuda a reducir significativamente el tiempo que se tarda en revisar y corregir grandes cantidades de texto, gracias a sus avanzados algoritmos de IA. Su software utiliza el Procesamiento de Lenguaje Natural (NLP) para asegurar que el texto resultante sea lo más legible posible.

Grammarly es capaz de revisar frases complejas, detectar problemas de estilo y ofrecer sugerencias de corrección. Además, esta plataforma también corrige hilos de correo electrónico o de comentarios, entre otros. ¡Nunca más se te volverá a colar una errata!

Los prompts que te proporcionaré a continuación estarán enfocados en utilizar esta herramienta para perfeccionar el contenido escrito para tu negocio en línea:

1. "Utiliza Grammarly para corregir la ortografía y la gramática de tu copia de ventas."
2. "Revisa tus publicaciones en redes sociales con Grammarly para asegurarte de que sean claras y concisas."
3. "Optimiza tus correos electrónicos de marketing utilizando las sugerencias de Grammarly para un tono más profesional y convincente."
4. "Utiliza Grammarly para mejorar la claridad y coherencia de tus publicaciones de blog."
5. "Revisa tus descripciones de productos/servicios con Grammarly para asegurarte de que sean atractivas y libres de errores."
6. "Corrige cualquier error gramatical en tu contenido multimedia, como presentaciones o videos, utilizando Grammarly."
7. "Utiliza Grammarly para garantizar que tus comunicados de prensa estén bien redactados y libres de errores."
8. "Revisa tus documentos legales y contratos con Grammarly para garantizar la precisión y la coherencia."
9. "Optimiza tus respuestas automáticas de correo electrónico con Grammarly para una comunicación más efectiva con los clientes potenciales."
10. "Utiliza Grammarly para mejorar la redacción de tus mensajes de atención al cliente, asegurando respuestas claras y corteses."

Estos prompts te ayudarán a aprovechar al máximo Grammarly para mejorar la calidad y la profesionalidad de tu contenido escrito en línea.

Frase.io

https://www.frase.io

¿Quieres mejorar el SEO de tu empresa? Con esta herramienta basada en Inteligencia Artificial podrás ahorrar tiempo en la búsqueda de keywords, creación de contenido e investigación de temas para tus artículos o redes sociales.

Frase.io compara cualquier término en línea y genera resúmenes rápidos que incluyen preguntas frecuentes e información relacionada, todo gracias a su algoritmo de IA. Asimismo, la plataforma cuenta con un editor de contenido que analiza en tiempo real lo que se está escribiendo y ofrece sugerencias para mejorar el contenido.

Frase.io es una herramienta diseñada para ayudar a generar contenido para blogs y sitios web. Aquí tienes una lista de prompts que podrías usar en Frase.io para generar contenido escrito para tu negocio en línea:

1. "Encuentra ideas de contenido para mi blog relacionadas con [inserta tema de interés de tu negocio]."
2. "Genera un esquema para un artículo informativo sobre [inserta tema relevante para tu audiencia]."
3. "Obtén datos y estadísticas relevantes sobre [inserta tema de interés] para incluir en mi contenido."
4. "Busca tendencias y palabras clave relevantes para mi industria y mi público objetivo."
5. "Encuentra preguntas frecuentes sobre [inserta tema de tu negocio] para responder en mi contenido."
6. "Genera un resumen ejecutivo para un artículo que cubra [inserta tema específico]."
7. "Busca citas y testimonios de expertos sobre [inserta tema relevante para tu negocio]."
8. "Encuentra ejemplos y casos de estudio relacionados con [inserta tema de interés]."
9. "Obtén ideas para títulos llamativos y atractivos para mis publicaciones en redes sociales."
10. "Genera contenido optimizado para SEO utilizando palabras clave relevantes para mi negocio."

Estos prompts pueden ayudarte a utilizar Frase.io para generar contenido escrito de calidad y relevante para tu negocio en línea. Asegúrate de revisar y personalizar el contenido generado según las necesidades específicas de tu marca y tu audiencia. ¡Espero que te sean útiles! Si necesitas más ayuda o sugerencias, no dudes en pedirlas

Notion

Notion.so

Notion es una herramienta altamente efectiva para tomar notas y gestionar proyectos. Ayuda a mejorar la productividad de los equipos mediante la coordinación de plazos, objetivos y tareas.

Gracias a Notion AI, la plataforma ofrece una función de toma de notas automatizada, procesando y resumiendo la información más importante para ti. Además, permite la edición de texto en diferentes idiomas, el cambio de tono formal o informal, la corrección de errores ortográficos y la simplificación del lenguaje.

Por último, si necesitas inspiración para escribir un post de blog o contenido en redes sociales, la plataforma también puede ofrecerte ideas basadas en un tema concreto. Incluso puedes pedir a la herramienta que continúe escribiendo si te quedas sin ideas.

Aquí tienes una lista de prompts que podrías usar en Notion para gestionar y organizar tu negocio en línea:

1. "Crea una base de datos de clientes potenciales con información relevante como nombre, correo electrónico y notas adicionales."
2. "Diseña un tablero de seguimiento de ventas para visualizar el progreso de tus negociaciones y cerrar más acuerdos."
3. "Elabora una agenda para tus reuniones semanales de equipo, incluyendo objetivos y puntos de discusión."
4. "Organiza un calendario editorial para planificar y programar tus publicaciones en redes sociales y blogs."
5. "Crea una base de conocimientos con tutoriales y recursos útiles para tu equipo."
6. "Establece un sistema de seguimiento de tareas para asignar y hacer un seguimiento del progreso de las actividades importantes."
7. "Elabora un panel de control con métricas clave de rendimiento (KPIs) para evaluar el éxito de tu negocio en línea."
8. "Diseña un plan de lanzamiento para nuevos productos/servicios, incluyendo fechas clave y tareas necesarias."
9. "Crea una biblioteca de contenido reutilizable, como plantillas de correos electrónicos y documentos estándar."

10. "Organiza un espacio de colaboración para proyectos específicos, donde el equipo pueda compartir archivos, ideas y actualizaciones."

Estos prompts te ayudarán a utilizar Notion de manera efectiva para gestionar y organizar tu negocio en línea. Puedes adaptar estos ejemplos según tus necesidades específicas y el flujo de trabajo de tu negocio..

En resumen, la inteligencia artificial ofrece una serie de beneficios si quieres emprender online y/o para las redes sociales como Instagram y TikTok, mejorando la experiencia del usuario, aumentando el engagement y la interacción, y promoviendo un entorno en línea seguro. Es crucial adaptarse a la IA para mantenerse relevante y competitivo en un paisaje digital en constante cambio[2].

---

[2] Bibliografía para este capítulo: https://www.fhios.es/herramientas-inteligencia-artificial-social-media/

Capítulo 3: Integración de la Inteligencia Artificial en las Operaciones Empresariales

Pasos Prácticos para Implementar Soluciones de Inteligencia Artificial

Paso 1: Identificar Áreas de Aplicación

Primero, debes encontrar dónde la inteligencia artificial puede ayudar en tu negocio. Puede ser en ventas, marketing, atención al cliente, entre otros. Por ejemplo, imagina que tienes una tienda en línea y quieres personalizar las recomendaciones de productos para cada cliente.

Ejemplo: Si tienes una tienda de ropa en línea, la IA podría ayudarte a recomendar prendas a los clientes basándose en sus compras anteriores y en las tendencias de moda.

Paso 2: Recopilar y Preparar Datos

Luego, necesitas recopilar datos relevantes. Esto podría ser información sobre tus clientes, sus preferencias, historial de compras, etc. Luego, limpia y organiza estos datos para que la IA pueda entenderlos.

Ejemplo: Si tienes una cafetería, podrías recopilar datos sobre las preferencias de tus clientes, como qué tipo de café prefieren y a qué hora suelen venir.

Paso 3: Seleccionar Algoritmos y Modelos de IA

Después, elige qué "trucos" de inteligencia artificial usar. Pueden ser algoritmos que aprenden de datos pasados para hacer predicciones o clasificaciones.

Ejemplo: Una empresa de marketing podría usar algoritmos de IA para analizar datos de redes sociales y predecir qué tipo de contenido será más popular entre su audiencia.

Paso 4: Desarrollar Prototipos y Probar

Ahora, desarrolla versiones de prueba de tu solución de IA y pruébalas. Esto te ayudará a ver si funcionan como esperas y a hacer ajustes si es necesario.

Ejemplo: Antes de lanzar un chatbot de atención al cliente en tu sitio web, podrías probarlo con un grupo pequeño de clientes para ver si responde bien a sus preguntas y necesidades.

Paso 5: Integrar con Sistemas Existentes

Una vez que estés satisfecho con tu solución de IA, intégrala con los sistemas que ya tienes en tu negocio para que todo funcione sin problemas juntos.

Ejemplo: Si tienes un sistema de gestión de inventario en tu tienda, podrías integrar un sistema de IA para predecir la demanda de productos y optimizar tus niveles de inventario.

Paso 6: Capacitar al Personal y Fomentar la Adopción

Por último, asegúrate de que tu equipo sepa cómo usar la nueva tecnología y esté dispuesto a adoptarla en su trabajo diario.

Ejemplo: Después de implementar un sistema de IA para gestionar citas en una clínica médica, asegúrate de capacitar al personal sobre cómo usarlo y promover su uso para mejorar la eficiencia en la gestión de citas.

Estrategias para Seleccionar Herramientas y Tecnologías de IA

Sé Claro sobre lo que Necesitas (muy importante)

Antes de elegir una herramienta de IA, es importante tener una comprensión clara de las necesidades y objetivos específicos de tu negocio en cada área funcional. Esto te ayudará a identificar las características y funcionalidades clave que necesitas en una herramienta de IA.

Ejemplo: Si tienes un negocio de comercio electrónico y deseas mejorar la personalización de las recomendaciones de productos para tus clientes, necesitarás una herramienta de IA que pueda analizar grandes volúmenes de datos de comportamiento de los clientes y ofrecer recomendaciones precisas y relevantes.

Investiga tus Opciones

Una vez que sepas lo que necesitas, investiga las diferentes herramientas y tecnologías de IA disponibles en el mercado. Compara características, funcionalidades, precios y opiniones de usuarios para encontrar la que mejor se adapte a tus necesidades y presupuesto.

Ejemplo: Si estás buscando una herramienta de IA para analizar datos de redes sociales y predecir tendencias de mercado, podrías investigar herramientas como **Hootsuite Insights, Brandwatch o Sprout Social** para ver cuál ofrece las características que necesitas y se ajusta a tu presupuesto.

Prueba Antes de Comprar

Antes de comprometerte con una herramienta de IA, asegúrate de probarla para ver si cumple con tus expectativas. Muchos proveedores ofrecen versiones de prueba gratuitas o demostraciones que te permiten evaluar la usabilidad y la eficacia de la herramienta antes de tomar una decisión de compra.

Ejemplo: Antes de invertir en un software de análisis de datos de IA, podrías aprovechar una versión de prueba gratuita para ver si la interfaz es fácil de usar y si la herramienta proporciona los insights que necesitas para tomar decisiones informadas en tu negocio.

Considera el Costo Total

Al evaluar herramientas de IA, no te centres únicamente en el costo inicial de adquisición. Considera también los costos asociados con la implementación, la capacitación del personal, el mantenimiento y el soporte técnico continuo. Asegúrate de entender completamente el costo total de propiedad antes de tomar una decisión.

Ejemplo: Si estás considerando invertir en un sistema de chatbot de IA para mejorar la atención al cliente en tu sitio web, asegúrate de tener en cuenta los costos adicionales de personalización, integración y mantenimiento a largo plazo para obtener una imagen completa de los costos involucrados.

Elige Algo que Puedas Adaptar

Selecciona una herramienta de IA que sea lo suficientemente flexible como para adaptarse a las necesidades cambiantes de tu negocio a lo largo del tiempo. Busca una solución escalable que pueda crecer y evolucionar con tu empresa a medida que cambian tus requisitos y desafíos.

Ejemplo: Si estás implementando un sistema de IA para la gestión de inventario en tu empresa, elige una herramienta que pueda adaptarse fácilmente a medida que cambien las demandas de tu negocio y puedas agregar nuevas características y funcionalidades según sea necesario.

Asegúrate de que Sea Ético y Seguro

Antes de seleccionar una herramienta de IA, asegúrate de considerar las implicaciones éticas y de privacidad de su uso. Asegúrate de que la herramienta cumpla con los estándares éticos y legales relevantes y que proteja la privacidad y seguridad de los datos de tus clientes y empleados.

Ejemplo: Si estás considerando implementar un sistema de reconocimiento facial en tu empresa para mejorar la seguridad en el lugar de trabajo, asegúrate de elegir una herramienta que respete la privacidad de tus empleados y cumpla con las regulaciones de protección de datos.

Entramos más de lleno en las aplicaciones descritas anteriormente:

 **Hootsuite**

https://hootsuite.com/products/insights

Hootsuite Insights es una herramienta de análisis de redes sociales que utiliza inteligencia artificial para analizar datos y proporcionar insights sobre el rendimiento de tus redes sociales. Puede ayudarte a entender mejor a tu audiencia, identificar tendencias y tomar decisiones informadas sobre tu estrategia de redes sociales.

Precio de Suscripción**: Hootsuite ofrece diferentes planes de suscripción con precios que van desde $29 hasta $599 al mes, dependiendo de las características y la escala de tu negocio.

¿Cómo te ayudaría? Hootsuite Insights te ayudaría a mejorar tu estrategia de marketing en redes sociales al proporcionarte insights sobre el rendimiento de tus publicaciones, el compromiso de tu audiencia y las tendencias emergentes en tu industria.

Aquí tienes una lista de prompts que podrías usar en Hootsuite para mejorar tu estrategia de redes sociales para tu negocio en línea:

1. "Programa una serie de publicaciones promocionando tus productos/servicios para la próxima semana."

2. "Crea un calendario editorial para planificar y organizar tus publicaciones en redes sociales para el próximo mes."

3. "Utiliza Hootsuite para monitorizar las menciones de tu marca en las redes sociales y responder a los comentarios de los clientes de manera oportuna."

4. "Programa una serie de publicaciones de contenido relevante de blogs o artículos de noticias relacionados con tu industria para mantener a tu audiencia comprometida."

5. "Utiliza las herramientas de análisis de Hootsuite para evaluar el rendimiento de tus publicaciones en redes sociales y ajustar tu estrategia según los resultados."

6. "Programa publicaciones para eventos especiales, como promociones de temporada o días festivos relevantes para tu negocio."

7. "Utiliza Hootsuite para compartir contenido generado por el usuario, como reseñas de clientes o fotos de productos."

8. "Crea una campaña de anuncios en redes sociales desde Hootsuite para llegar a una audiencia más amplia y aumentar el conocimiento de tu marca."

9. "Programa una serie de publicaciones de preguntas y respuestas para fomentar la participación de la audiencia y generar conversaciones significativas."

10. "Utiliza las funciones de colaboración de Hootsuite para trabajar en equipo y coordinar las actividades de redes sociales de manera eficiente."

Estos prompts te ayudarán a aprovechar al máximo Hootsuite para mejorar tu presencia en redes sociales y promover tu negocio en línea de manera efectiva.

 **Brandwatch**

https://www.brandwatch.com

Brandwatch es una plataforma de escucha social y análisis de medios que utiliza inteligencia artificial para analizar grandes volúmenes de datos y extraer insights accionables. Puede ayudarte a monitorear conversaciones sobre tu marca, realizar análisis de sentimientos y comprender la percepción del cliente.

Precio de Suscripción: Brandwatch ofrece planes personalizados para empresas, por lo que los precios pueden variar según tus necesidades específicas. Se recomienda contactar directamente con el equipo de ventas para obtener un presupuesto personalizado.

¿Cómo te ayudaría? Brandwatch te ayudaría a mejorar tu estrategia de marketing y gestión de la reputación al proporcionarte insights sobre lo que la gente está diciendo sobre tu marca en línea, permitiéndote responder de manera proactiva a las conversaciones y mejorar la experiencia del cliente.

Aquí tienes una lista de prompts que podrías usar en Brandwatch para mejorar tu estrategia de gestión de la reputación en línea para tu negocio:

1. "Configura alertas para recibir notificaciones sobre menciones de tu marca en tiempo real y responder de manera oportuna."

2. "Utiliza Brandwatch para analizar el sentimiento detrás de las menciones de tu marca y identificar tendencias positivas o negativas."

3. "Realiza un análisis de la competencia para identificar fortalezas, debilidades y oportunidades para mejorar tu propia estrategia de marca."

4. "Utiliza los insights de Brandwatch para ajustar tu estrategia de contenido en redes sociales y abordar los temas más relevantes para tu audiencia."

5. "Realiza un seguimiento de las tendencias de la industria utilizando Brandwatch para estar al tanto de los cambios y adaptar tu estrategia en consecuencia."

6. "Identifica a los influencers clave en tu industria utilizando Brandwatch y establece colaboraciones estratégicas para ampliar tu alcance en línea."

7. "Utiliza los análisis de Brandwatch para medir el impacto de tus campañas de marketing en línea y ajustarlas según los resultados."

8. "Realiza un análisis de la audiencia para comprender mejor quiénes son tus seguidores en línea y cómo puedes satisfacer mejor sus necesidades."

9. "Utiliza Brandwatch para identificar oportunidades de contenido basadas en temas populares y conversaciones relevantes en línea."

10. "Crea informes personalizados en Brandwatch para compartir datos y análisis clave con tu equipo y otras partes interesadas."

Estos prompts te ayudarán a aprovechar al máximo Brandwatch para gestionar la reputación en línea de tu negocio y tomar decisiones informadas basadas en insights valiosos

https://sproutsocial.com

Sprout Social es una plataforma de gestión de redes sociales que utiliza inteligencia artificial para ayudarte a administrar y optimizar tus perfiles en redes sociales. Puede ayudarte a programar publicaciones, monitorear el rendimiento de tus redes sociales y colaborar con tu equipo de marketing.

Precio de Suscripción: Sprout Social ofrece planes de suscripción que van desde $99 hasta $249 por usuario al mes, dependiendo de las características y la escala de tu negocio.

¿Cómo te ayudaría? Sprout Social te ayudaría a mejorar tu estrategia de marketing en redes sociales al permitirte programar y publicar contenido de manera eficiente, monitorear conversaciones importantes y analizar el rendimiento de tus campañas, todo desde una sola plataforma.

Aquí tienes una lista de prompts que podrías usar en Sprout Social para mejorar tu estrategia de redes sociales y gestión de la comunidad para tu negocio en línea:

1. "Programa una serie de publicaciones promocionando tus productos/servicios para la próxima semana."

2. "Crea un calendario editorial para planificar y organizar tus publicaciones en redes sociales para el próximo mes."

3. "Utiliza Sprout Social para monitorizar las menciones de tu marca en las redes sociales y responder a los comentarios de los clientes de manera oportuna."

4. "Programa una serie de publicaciones de contenido relevante de blogs o artículos de noticias relacionados con tu industria para mantener a tu audiencia comprometida."

5. "Utiliza las herramientas de análisis de Sprout Social para evaluar el rendimiento de tus publicaciones en redes sociales y ajustar tu estrategia según los resultados."

6. "Programa publicaciones para eventos especiales, como promociones de temporada o días festivos relevantes para tu negocio."

7. "Utiliza Sprout Social para compartir contenido generado por el usuario, como reseñas de clientes o fotos de productos."

8. "Crea una campaña de anuncios en redes sociales desde Sprout Social para llegar a una audiencia más amplia y aumentar el conocimiento de tu marca."

9. "Programa una serie de publicaciones de preguntas y respuestas para fomentar la participación de la audiencia y generar conversaciones significativas."

10. "Utiliza las funciones de colaboración de Sprout Social para trabajar en equipo y coordinar las actividades de redes sociales de manera eficiente."

Estos prompts te ayudarán a aprovechar al máximo Sprout Social para mejorar tu presencia en redes sociales y promover tu negocio en línea de manera efectiva. Asegúrate de adaptar estos ejemplos según tus necesidades específicas y los objetivo de tu negocio.

Capítulo 4: Maximizando Ventas con Inteligencia Artificial

En este capítulo, exploraremos en profundidad cómo la inteligencia artificial (IA) puede revolucionar las estrategias de ventas y marketing, proporcionando ejemplos concretos de herramientas y técnicas de IA que pueden impulsar las ventas y maximizar el retorno de la inversión.

Mejorando las Estrategias de Ventas y Marketing con IA

La inteligencia artificial ofrece una amplia gama de aplicaciones para mejorar las estrategias de ventas y marketing. Una de las formas más poderosas en que la IA puede beneficiar a las empresas es mediante la personalización. Las herramientas de IA pueden analizar grandes conjuntos de datos para identificar patrones de comportamiento del cliente, lo que permite a las empresas crear campañas de marketing más dirigidas y relevantes.

Ejemplo: Dynamic Yield: Esta plataforma de personalización utiliza algoritmos de IA para analizar el comportamiento del cliente en tiempo real y ofrecer experiencias personalizadas en sitios web, aplicaciones móviles y correos electrónicos. Por ejemplo, si un cliente ha mostrado interés en productos de tecnología, Dynamic Yield puede personalizar la página de inicio para mostrar productos relacionados con la tecnología, aumentando así las posibilidades de conversión.

Uso de Análisis Predictivo para Identificar Oportunidades de Venta

El análisis predictivo es una herramienta poderosa para las empresas que desean identificar oportunidades de venta y predecir el comportamiento del cliente. Al utilizar datos históricos y modelos estadísticos, las empresas pueden anticipar las necesidades y preferencias de los clientes y ajustar sus estrategias de ventas en consecuencia.

Ejemplo: Salesforce Einstein Analytics: Esta plataforma de análisis predictivo utiliza algoritmos de IA para analizar datos de ventas y predecir tendencias futuras. Adicionalmente, Einstein Analytics puede identificar patrones de compra en función de datos como la demografía del cliente, el historial de compras y las interacciones en las redes sociales, permitiendo a las empresas anticipar las necesidades de los clientes y ofrecer recomendaciones personalizadas.

- Amazon Personalize: Esta herramienta de personalización utiliza algoritmos de aprendizaje automático para analizar el comportamiento del cliente y ofrecer recomendaciones de productos altamente personalizadas en tiempo real. Por ejemplo, si un cliente ha comprado libros de cocina en el pasado, Amazon Personalize puede recomendar libros de cocina similares o productos relacionados.

- ChatGPT: Esta herramienta de chatbot alimentada por IA utiliza la tecnología de procesamiento del lenguaje natural para interactuar con los clientes de manera natural y personalizada. Por ejemplo, un sitio web de comercio electrónico puede implementar ChatGPT para ayudar a los clientes a encontrar productos, responder preguntas frecuentes y brindar asistencia en tiempo real.

En resumen, la inteligencia artificial ofrece un vasto potencial para maximizar las ventas y optimizar las estrategias de marketing. Al utilizar herramientas y técnicas de IA como la personalización, el análisis predictivo y los chatbots, las empresas pueden identificar oportunidades de venta, predecir el comportamiento del cliente y ofrecer experiencias personalizadas que impulsen las ventas y mejoren la satisfacción del cliente.

¿Qué empresas usan la IA actualmente?

Amazon: es conocido por su uso extensivo de la inteligencia artificial en todas las facetas de su negocio. Utiliza algoritmos de aprendizaje automático para personalizar recomendaciones de productos, ajustar precios dinámicamente, predecir la demanda y optimizar la logística, todo con el objetivo de maximizar las ventas y mejorar la experiencia del cliente.

Netflix: utiliza inteligencia artificial para recomendar contenido a sus usuarios. Sus algoritmos de recomendación analizan el historial de visualización, las preferencias de los usuarios y otros datos para ofrecer recomendaciones personalizadas de películas y programas de televisión, lo que ayuda a aumentar la retención de clientes y las suscripciones.

Spotify : utiliza inteligencia artificial para personalizar la experiencia auditiva de sus usuarios. Su algoritmo de recomendación analiza el historial de escucha, las listas de reproducción creadas por el usuario y otros datos para ofrecer recomendaciones de música personalizadas, lo que ayuda a aumentar la retención de usuarios y las suscripciones premium.

Airbnb: utiliza inteligencia artificial para optimizar los precios de sus listados. Sus algoritmos de precios dinámicos analizan factores como la demanda del mercado, la ubicación, las características del alojamiento y los precios de la competencia para ajustar automáticamente los precios de las propiedades, lo que ayuda a maximizar los ingresos de los anfitriones y las reservas.

Uber: utiliza inteligencia artificial para establecer precios dinámicos en función de la oferta y la demanda en tiempo real. Sus algoritmos de fijación de precios analizan datos como la ubicación, el tráfico y la disponibilidad de conductores para ajustar los precios de los viajes, lo que ayuda a maximizar los ingresos de los conductores y la disponibilidad de vehículos.

Estos son solo algunos ejemplos de empresas que utilizan estrategias de maximización de ventas con inteligencia artificial. Muchas otras empresas en una variedad de industrias están adoptando tecnologías de IA para mejorar sus operaciones comerciales y aumentar sus ingresos.

Capítulo 5: Automatización de Procesos y Optimización de Recursos

Importancia de la automatización de procesos empresariales mediante la inteligencia artificial

La automatización de procesos empresariales mediante la inteligencia artificial (IA) es fundamental en la actualidad para mejorar la eficiencia operativa, reducir costos y tomar decisiones más informadas. Veamos algunos ejemplos concretos de cómo la IA está transformando diversas áreas de negocio:

Gestión de inventario: Empresas como Amazon utilizan algoritmos de IA para predecir la demanda de productos y optimizar sus niveles de inventario en tiempo real. Por ejemplo, Amazon utiliza IA para analizar patrones de compra pasados, tendencias estacionales y otros datos relevantes para garantizar que los productos estén disponibles cuando los clientes los necesiten, minimizando así los costos de almacenamiento y maximizando las ventas.

Logística: Empresas de transporte y logística como UPS utilizan la IA para optimizar las rutas de entrega y reducir los costos de transporte. Por ejemplo, UPS utiliza algoritmos de IA para analizar factores como el tráfico, las condiciones climáticas y las restricciones de entrega para determinar la ruta más eficiente para cada camión de reparto. Esto no solo ahorra tiempo y dinero, sino que también reduce las emisiones de carbono al minimizar las distancias recorridas.

Contabilidad: En el ámbito de la contabilidad, empresas como Deloitte utilizan la IA para automatizar tareas como la conciliación de cuentas y la detección de fraudes. Por ejemplo, Deloitte utiliza IA para analizar grandes volúmenes de datos financieros y identificar patrones sospechosos que podrían indicar actividades fraudulentas. Esto permite a los auditores concentrarse en áreas de mayor riesgo y tomar decisiones más informadas.

Servicio al cliente: Las empresas están utilizando chatbots impulsados por IA para automatizar el servicio al cliente y mejorar la experiencia del usuario. Por ejemplo, empresas como Spotify utilizan chatbots para responder preguntas frecuentes de los usuarios, proporcionar recomendaciones personalizadas de música y resolver problemas técnicos de manera rápida y eficiente, todo ello sin intervención humana.

Estos ejemplos ilustran cómo la automatización de procesos empresariales mediante la inteligencia artificial está revolucionando diferentes aspectos de las operaciones comerciales, desde la gestión de inventarios hasta la atención al cliente. La capacidad de la IA para analizar grandes volúmenes de datos, identificar patrones y tomar decisiones basadas en datos está permitiendo a las empresas optimizar sus recursos y mejorar su competitividad en un mercado cada vez más globalizado y digitalizado.

Ejemplos de cómo la IA puede ayudar a optimizar la gestión de inventario, la logística, la contabilidad y otras áreas operativas.

Área Operativa	Proceso Automatizado	Ejemplo Real	Presupuesto Utilizado (aproximado)
Gestión de Inventario	Predicción de Demanda	Amazon utiliza IA para predecir la demanda de productos y optimizar sus niveles de inventario. Esto incluye analizar datos de ventas pasadas, tendencias estacionales y factores externos como eventos promocionales.	Variable, dependiendo del tamaño y alcance del proyecto. Amazon ha invertido millones en su tecnología de IA.
Logística	Optimización de Rutas de Entrega	UPS utiliza IA para optimizar las rutas de entrega de sus camiones, teniendo en cuenta factores como el tráfico, las condiciones climáticas y las restricciones de entrega. Esto ha permitido a UPS reducir los costos de transporte y mejorar la eficiencia operativa.	Variable, dependiendo del tamaño de la flota y la complejidad de las operaciones. UPS invierte regularmente en tecnología de IA para mejorar su logística.
Contabilidad	Automatización de Tareas Repetitivas	Deloitte utiliza IA para automatizar tareas contables como la conciliación de cuentas y la detección de fraudes. Esto ha permitido a Deloitte mejorar la eficiencia de sus operaciones contables y reducir los errores humanos.	Variable, dependiendo del alcance y la complejidad de la implementación. Grandes firmas de contabilidad como Deloitte suelen invertir en tecnología de IA como parte de su estrategia de transformación digital.
Otras Áreas Operativas	Análisis de Sentimiento en Redes Sociales	Empresas como Coca-Cola utilizan IA para analizar el sentimiento en las redes sociales y entender cómo los consumidores perciben su marca. Esto les permite ajustar sus estrategias de marketing y mejorar la satisfacción del cliente.	Variable, dependiendo del alcance y la complejidad de la implementación. Grandes empresas suelen invertir en herramientas de análisis de IA para monitorear su reputación en línea.

Estrategias para implementar sistemas de IA de manera efectiva y asegurar una transición suave.

Aqui tienes algunas estrategias para implementar sistemas de inteligencia artificial de manera efectiva y garantizar una transición suave:

1.Planificación detallada: Antes de implementar cualquier sistema de IA, es crucial realizar una planificación detallada. Esto implica identificar claramente los objetivos comerciales que se desean lograr con la implementación de la IA, así como comprender los requisitos técnicos y operativos necesarios para el éxito del proyecto.

Ejemplo: Una empresa de comercio electrónico planea implementar un sistema de recomendación de productos basado en IA para mejorar la personalización de la experiencia del usuario. Antes de comenzar la implementación, el equipo de proyectos realiza un análisis exhaustivo de los datos disponibles, define claramente los objetivos del proyecto (por ejemplo, aumentar las tasas de conversión y retención de clientes) y desarrolla un plan detallado que incluye hitos específicos y métricas de éxito.

2. Selección adecuada de la tecnología: Existen diversas tecnologías de inteligencia artificial disponibles en el mercado, cada una con sus propias fortalezas y limitaciones. Es importante realizar una investigación exhaustiva y seleccionar la tecnología de IA más adecuada para las necesidades específicas de tu empresa y los procesos que deseas automatizar.

Ejemplo: Una cadena de supermercados decide implementar un sistema de IA para optimizar la gestión de inventario. Después de investigar varias opciones, elige una solución de IA que utiliza algoritmos de aprendizaje automático para predecir la demanda de productos y optimizar los niveles de inventario en tiempo real.

3. Involucramiento de los interesados: Es fundamental involucrar a todas las partes interesadas relevantes en el proceso de implementación de la IA, incluidos los empleados, los directivos y los proveedores de tecnología. Esto garantizará que todas las perspectivas sean consideradas y que se obtenga un amplio apoyo para el proyecto

Ejemplo: Una empresa de servicios financieros decide implementar un sistema de IA para automatizar el procesamiento de reclamaciones de seguros. Para garantizar el éxito del proyecto, se forma un equipo multifuncional que incluye representantes de diferentes departamentos, como operaciones, tecnología, atención al cliente y legal.

4. Capacitación del personal: Proporcionar capacitación adecuada al personal es esencial para garantizar una transición suave hacia la IA. Esto incluye brindar a los empleados las habilidades y el conocimiento necesarios para comprender y utilizar eficazmente los nuevos sistemas de IA en su trabajo diario.

Ejemplo: Una empresa de atención al cliente implementa un chatbot impulsado por IA para responder preguntas comunes de los clientes de manera más eficiente. Antes del lanzamiento del chatbot, se proporciona capacitación a los agentes de servicio al cliente para que puedan familiarizarse con el nuevo sistema y estar preparados para brindar apoyo adicional a los clientes según sea necesario.

5. Evaluación continua y ajustes: La implementación de sistemas de IA es un proceso continuo que requiere una evaluación constante y ajustes según sea necesario. Es importante monitorear el rendimiento del sistema de IA en tiempo real y realizar ajustes según los comentarios de los usuarios y los cambios en las necesidades comerciales.

Ejemplo: Una empresa de comercio electrónico implementa un sistema de IA para personalizar recomendaciones de productos para sus clientes. Después del lanzamiento inicial, el equipo monitorea continuamente el rendimiento del sistema y recopila comentarios de los usuarios. Basándose en estos datos, realizan ajustes periódicos en los algoritmos de recomendación para mejorar la precisión y la relevancia de las recomendaciones.

6. Garantía de la seguridad y la privacidad de los datos: La seguridad y la privacidad de los datos son preocupaciones importantes al implementar sistemas de IA. Es crucial asegurarse de que se implementen medidas adecuadas de seguridad de datos para proteger la información confidencial y cumplir con las regulaciones de privacidad aplicables.

Ejemplo: Una empresa de salud implementa un sistema de IA para analizar imágenes médicas y ayudar en el diagnóstico de enfermedades. Antes de la implementación, se implementan medidas de seguridad robustas para proteger la confidencialidad de los datos del paciente y cumplir con las regulaciones de privacidad de la salud, como GDPR[3] y LOPD[4] en Europa.

---

[3] GDPR: General Data Protection Regulation
[4] LODP: Ley Orgánica Protección de Datos

7. Comunicación efectiva: Comunicar de manera clara y transparente con los empleados y otras partes interesadas sobre el proceso de implementación de la IA es fundamental para garantizar una transición suave. Esto incluye proporcionar actualizaciones regulares sobre el progreso del proyecto, así como brindar apoyo y recursos adicionales según sea necesario.

Ejemplo: Una empresa de fabricación implementa un sistema de IA para optimizar el mantenimiento predictivo de maquinaria. Durante todo el proceso de implementación, se mantienen abiertas líneas de comunicación con los trabajadores de línea, los supervisores y el equipo de gestión para compartir actualizaciones sobre el progreso del proyecto, responder preguntas y abordar inquietudes.

Al seguir estas estrategias, podrás implementar sistemas de inteligencia artificial de manera efectiva y garantizar una transición suave para tu empresa. Recuerda que la implementación de la IA es un proceso continuo que requiere un enfoque cuidadoso y una planificación detallada para obtener los mejores resultados.

Capítulo 6: Retos y Consideraciones Éticas

La integración creciente de la inteligencia artificial (IA) en los negocios ha generado una serie de desafíos éticos y sociales que deben ser abordados de manera responsable. En este capítulo, exploraremos estos desafíos y discutiremos cómo las empresas pueden enfrentarlos de manera ética y equitativa.

Por supuesto, aquí tienes una ampliación del capítulo con ejemplos concretos de los desafíos éticos y sociales asociados con el uso de inteligencia artificial en los negocios, así como algunas estrategias para abordarlos:

1. Sesgo y equidad algorítmica

Los algoritmos de IA pueden estar sesgados debido a la calidad de los datos utilizados para entrenarlos, lo que puede perpetuar y amplificar prejuicios existentes en la sociedad. Es crucial garantizar que los algoritmos sean equitativos y no discriminen a ciertos grupos sociales. Por ejemplo, un algoritmo de contratación que se basa en datos históricos podría favorecer a ciertos grupos demográficos sobre otros, lo que resultaría en discriminación injusta. Las empresas deben implementar medidas para mitigar el sesgo y promover la equidad algorítmica en sus sistemas de IA.

Ejemplo: Una empresa de tecnología desarrolla un algoritmo de IA para analizar currículums y seleccionar candidatos para entrevistas de trabajo. Sin embargo, debido a que el algoritmo se basa en datos históricos de contratación, refleja sesgos existentes en el proceso de contratación, como la preferencia por candidatos de determinadas universidades o áreas geográficas. Como resultado, el algoritmo puede discriminar inconscientemente a candidatos de ciertos grupos demográficos o culturales.

Estrategias de mitigación: La empresa puede utilizar técnicas de des sesgo para identificar y corregir sesgos en el algoritmo, como el muestreo equitativo de datos de entrenamiento o la eliminación de variables sensibles (como género o etnia) que puedan estar correlacionadas con la selección de candidatos.

2. Privacidad y protección de datos

El uso de IA implica la recopilación y el análisis de grandes cantidades de datos personales, lo que plantea preocupaciones sobre la privacidad y la protección de datos. Las empresas deben asegurarse de cumplir con las regulaciones de privacidad de datos aplicables y adoptar prácticas sólidas de protección de datos para garantizar la seguridad y confidencialidad de la información del usuario. Además, deben ser transparentes sobre cómo se utilizan los datos y obtener el consentimiento adecuado de los individuos antes de procesar sus datos personales.

Ejemplo: Una empresa de redes sociales utiliza algoritmos de IA para analizar el comportamiento de sus usuarios y personalizar su experiencia en la plataforma. Sin embargo, el uso indebido de datos personales por parte de la empresa puede violar la privacidad de los usuarios y generar preocupaciones sobre el uso ético de la IA.

Estrategias de mitigación: La empresa puede implementar políticas claras de privacidad y obtener el consentimiento explícito de los usuarios antes de recopilar y procesar sus datos personales. Además, puede utilizar técnicas de anonimización y cifrado de datos para proteger la privacidad de los usuarios.

3. Responsabilidad y transparencia

Las decisiones tomadas por sistemas de IA pueden tener un impacto significativo en la vida de las personas, desde decisiones de contratación y crédito hasta diagnósticos médicos. Es fundamental que las empresas sean transparentes sobre cómo se toman estas decisiones y sean responsables de sus consecuencias. Esto incluye proporcionar explicaciones claras sobre cómo funciona el sistema de IA y cómo se llega a una determinada decisión, así como establecer mecanismos de rendición de cuentas para abordar posibles errores o sesgos.

Ejemplo: Una empresa de servicios financieros utiliza un algoritmo de IA para tomar decisiones automáticas sobre la concesión de préstamos. Sin embargo, los clientes que son rechazados pueden no entender por qué se les negó el préstamo, ya que el algoritmo opera en gran medida en la oscuridad.

Estrategias de mitigación: La empresa puede proporcionar explicaciones claras y transparentes sobre cómo funciona el algoritmo de decisión y qué factores se tienen en cuenta en la evaluación del riesgo crediticio. Además, puede establecer un proceso de apelación para que los clientes puedan cuestionar las decisiones del algoritmo y obtener una revisión humana si es necesario.

4. Automatización y pérdida de empleo

Si bien la IA puede aumentar la eficiencia y la productividad en muchos aspectos, también plantea preocupaciones sobre la automatización y la pérdida de empleo. Las empresas deben considerar el impacto social de la implementación de sistemas de IA y trabajar para mitigar cualquier efecto negativo en los trabajadores. Esto puede incluir la reasignación de empleados a roles más estratégicos y creativos que complementen las capacidades de la IA, así como la inversión en programas de formación y reciclaje laboral para ayudar a los trabajadores a adquirir habilidades relevantes en la era digital.

Ejemplo: Una fábrica implementa robots con IA para automatizar tareas de ensamblaje, lo que resulta en la reducción de empleados. Esto plantea preocupaciones sobre el impacto social de la automatización en los trabajadores y sus comunidades.

Estrategias de mitigación: La empresa puede reasignar a los trabajadores afectados a roles más estratégicos y creativos que complementen las capacidades de los sistemas de IA, como la supervisión de la producción o el mantenimiento de robots. Además, puede invertir en programas de formación y reciclaje laboral para ayudar a los trabajadores a adquirir habilidades relevantes en la era digital.

5. Seguridad y ciberseguridad

Los sistemas de IA también pueden ser vulnerables a ataques cibernéticos y manipulación maliciosa. Las empresas deben implementar medidas robustas de seguridad y ciberseguridad para proteger sus sistemas de IA contra amenazas externas. Esto incluye el cifrado de datos sensibles, la monitorización continua de posibles vulnerabilidades y la capacitación del personal en prácticas seguras de ciberseguridad.

Ejemplo: Un sistema de IA utilizado en el sector de la salud para diagnosticar enfermedades es comprometido por un ataque cibernético, lo que resulta en diagnósticos erróneos y daño a los pacientes.

Estrategias de mitigación: La empresa puede implementar medidas robustas de seguridad y ciberseguridad para proteger sus sistemas de IA contra amenazas externas, como el cifrado de datos sensibles, la autenticación de usuarios y la monitorización continua de posibles vulnerabilidades. Además, puede realizar pruebas de penetración y auditorías de seguridad periódicas para identificar y mitigar posibles riesgos de seguridad.

Ahora te presento ejemplos reales de empresas que han aplicado estrategias de mitigación a la implementación de IA en sus espacios de trabajo:

Google

- Sesgo y equidad algorítmica: Google ha implementado iniciativas para abordar el sesgo en sus algoritmos de búsqueda y recomendación. Por ejemplo, en 2018, la empresa lanzó "People + AI Research" (PAIR), un equipo dedicado a investigar y abordar problemas de sesgo en la inteligencia artificial.

- Privacidad y protección de datos: Google ha establecido políticas estrictas de privacidad de datos y ha desarrollado herramientas como Google Privacy Sandbox par proteger la privacidad de los usuarios mientras utilizan sus servicios en línea.

IBM

- Responsabilidad y transparencia: IBM ha lanzado la iniciativa "AI Fairness 360", que proporciona herramientas y bibliotecas de código abierto para ayudar a los desarrolladores a identificar y mitigar sesgos en los algoritmos de IA.

- Automatización y pérdida de empleo: IBM ha invertido en programas de formación y educación para ayudar a los trabajadores a adquirir habilidades relevantes en el campo de la inteligencia artificial y la ciencia de datos, preparándolos para los cambios en el mercado laboral.

Microsoft

- Seguridad y ciberseguridad: Microsoft ha desarrollado Azure Security Center, una solución integral de seguridad en la nube que ayuda a proteger los sistemas de IA y otros recursos en la nube de posibles amenazas cibernéticas.

- Responsabilidad y transparencia: Microsoft ha establecido principios éticos para el diseño y el uso de la inteligencia artificial, como la transparencia, la equidad y la responsabilidad, y ha integrado estos principios en sus productos y servicios de IA.

Facebook

- Privacidad y protección de datos: Facebook ha implementado políticas y controles estrictos para proteger la privacidad de los datos de sus usuarios, como el cifrado de extremo a extremo en WhatsApp y el uso de herramientas de anonimización en sus plataformas publicitarias.

- Responsabilidad y transparencia: Facebook ha establecido el "Comité de Supervisión Independiente", un órgano independiente encargado de revisar y tomar decisiones sobre las políticas de moderación de contenido de la plataforma, promoviendo la transparencia y la rendición de cuentas.

Estos ejemplos muestran cómo algunas de las principales empresas de tecnología están abordando los desafíos éticos y sociales asociados con el uso de inteligencia artificial en los negocios, implementando políticas, herramientas y programas para promover la equidad, la transparencia, la privacidad y la seguridad en el desarrollo y la implementación de sistemas de IA.

En resumen, si bien la inteligencia artificial ofrece numerosos beneficios para los negocios, también plantea una serie de desafíos éticos y sociales que deben ser abordados de manera responsable. Las empresas deben adoptar un enfoque ético y equitativo en el desarrollo y la implementación de sistemas de IA, asegurándose de proteger la privacidad de los datos, mitigar el sesgo algorítmico, promover la transparencia y la responsabilidad, abordar las preocupaciones sobre la pérdida de empleo y garantizar la seguridad y ciberseguridad de sus sistemas. Al hacerlo, pueden maximizar los beneficios de la IA mientras minimizan sus riesgos potenciales para la sociedad.

Capítulo 7: El Futuro de la Inteligencia Artificial en los Negocios

La inteligencia artificial (IA) ha revolucionado la forma en que las empresas operan y compiten en el mercado actual. A medida que avanzamos hacia el futuro, las tendencias emergentes en el desarrollo y la aplicación de la IA están moldeando aún más el panorama empresarial. En este capítulo, exploraremos algunas de estas tendencias y su impacto en el mundo empresarial.

1. Automatización Inteligente

La automatización inteligente, que combina la automatización de procesos robóticos (RPA) con IA, está ganando impulso en los negocios. Las empresas están adoptando esta tecnología para automatizar tareas repetitivas y aumentar la eficiencia operativa. Desde la gestión de la cadena de suministro hasta el servicio al cliente, la automatización inteligente está transformando fundamentalmente la forma en que se realizan las operaciones comerciales.

Ejemplo: Una empresa de fabricación implementa un sistema de automatización inteligente que combina robots con capacidades de visión por computadora y aprendizaje automático para ensamblar productos de manera más eficiente. Esto reduce los tiempos de producción y los costos laborales, al tiempo que mejora la calidad y la precisión de los productos finales.

2. Personalización Avanzada

La IA está permitiendo una personalización más avanzada en productos y servicios. Mediante el análisis de datos y el aprendizaje automático, las empresas pueden entender mejor las necesidades y preferencias individuales de los clientes, ofreciendo experiencias personalizadas y relevantes. Desde recomendaciones de productos hasta mensajes de marketing dirigidos, la personalización impulsada por IA está redefiniendo la forma en que las empresas se relacionan con sus clientes.

Ejemplo: Una plataforma de comercio electrónico utiliza algoritmos de IA para analizar el historial de compras y el comportamiento de navegación de los clientes. Basándose en estos datos, la plataforma ofrece recomendaciones de productos altamente personalizadas que se adaptan a los intereses y preferencias individuales de cada cliente, lo que aumenta las tasas de conversión y la satisfacción del cliente.

3. Análisis Predictivo

El análisis predictivo, impulsado por algoritmos de aprendizaje automático, está permitiendo a las empresas anticipar tendencias futuras y tomar decisiones informadas. Desde la predicción de demanda hasta la detección de fraudes, el análisis predictivo está ayudando a las empresas a mitigar riesgos y capitalizar oportunidades emergentes. Al aprovechar grandes volúmenes de datos históricos y en tiempo real, las empresas pueden tomar decisiones más inteligentes y estratégicas.

Ejemplo: Una compañía de seguros emplea modelos de análisis predictivo basados en IA para predecir reclamaciones y evaluar riesgos. Al analizar datos históricos de reclamaciones, así como factores externos como el clima y las tendencias económicas, la compañía puede ajustar sus primas de seguros de manera más precisa y mitigar el riesgo de pérdidas.

4. IA Conversacional

La IA conversacional, que incluye chatbots y asistentes virtuales, está transformando la forma en que las empresas interactúan con los clientes y empleados. Estos sistemas de IA pueden proporcionar respuestas rápidas a consultas comunes, automatizar procesos de servicio al cliente y mejorar la experiencia del usuario. Con avances en el procesamiento del lenguaje natural y la comprensión del lenguaje humano, la IA conversacional está volviéndose cada vez más sofisticada y omnipresente en los negocios.

Ejemplo: Un banco implementa un chatbot impulsado por IA en su sitio web y aplicaciones móviles para brindar asistencia a los clientes las 24 horas del día, los 7 días de la semana. El chatbot puede responder preguntas frecuentes, ayudar a los clientes a realizar transacciones y proporcionar información sobre productos y servicios, mejorando la experiencia del cliente y reduciendo la carga de trabajo del personal de servicio al cliente.

5. Ética y Responsabilidad

A medida que la IA se integra más profundamente en los negocios, surge la necesidad de abordar cuestiones éticas y de responsabilidad. Las empresas están comenzando a tomar medidas para garantizar que sus sistemas de IA sean transparentes, justos y éticos en su diseño y funcionamiento. Desde la protección de la privacidad de los datos hasta la mitigación del sesgo algorítmico, la ética y la responsabilidad son consideraciones críticas en el desarrollo y la implementación de IA en los negocios.

Ejemplo: Una empresa de tecnología desarrolla un marco ético para el diseño y la implementación de sus sistemas de IA. Esto incluye la creación de comités de ética que supervisen el desarrollo de algoritmos, la realización de evaluaciones de impacto ético y la implementación de medidas para garantizar la equidad y la transparencia en el uso de la IA en la empresa.

6. Colaboración Humano-IA

La colaboración entre humanos y sistemas de IA está emergiendo como una tendencia importante en el mundo empresarial. En lugar de reemplazar completamente a los trabajadores humanos, la IA está siendo utilizada para potenciar y complementar las habilidades humanas. Desde la automatización de tareas mundanas hasta la mejora de la toma de decisiones, la colaboración humano-IA está dando lugar a equipos más productivos y creativos en las empresas.

Ejemplo: Una compañía de marketing utiliza herramientas de IA para analizar grandes conjuntos de datos y identificar tendencias en el comportamiento del consumidor. Los resultados de este análisis se comparten con los equipos de marketing, que trabajan en colaboración con los sistemas de IA para desarrollar estrategias de marketing más efectivas y personalizadas que se alineen con las necesidades y preferencias del público objetivo.

Antes de llegar a las conclusiones permíteme darte una lista de ejemplos de empresas que ya están usando la IA y los conceptos anteriormente mencionados:

1. Automatización Inteligente

Ejemplo: Amazon Robotics

Amazon utiliza sistemas de automatización inteligente en sus almacenes a través de Amazon Robotics. Los robots colaborativos trabajan junto con los empleados humanos para automatizar tareas como el transporte de productos en el almacén, la selección y el embalaje de pedidos. Esto ha aumentado significativamente la eficiencia y la velocidad del proceso de cumplimiento de pedidos de Amazon.

2. Personalización Avanzada

Ejemplo: Netflix

Netflix utiliza algoritmos de IA para ofrecer recomendaciones de contenido altamente personalizadas a sus usuarios. Basándose en el historial de visualización, las calificaciones y las preferencias de los usuarios, Netflix utiliza aprendizaje automático para predecir qué películas y programas de televisión podrían gustar a cada usuario individual. Esto aumenta la retención de usuarios y la satisfacción del cliente.

3. Análisis Predictivo

Ejemplo: UPS

UPS utiliza análisis predictivo basado en IA para optimizar su red de entrega y mejorar la eficiencia operativa. Utilizando datos históricos de envíos, patrones de tráfico y condiciones meteorológicas, UPS puede prever y mitigar posibles retrasos en la entrega, optimizando las rutas de entrega y minimizando los costos operativos.

4. IA Conversacional

Ejemplo: Bank of America

Bank of America implementó a Erica, un asistente virtual impulsado por IA, en su aplicación móvil. Erica permite a los clientes realizar una variedad de tareas bancarias, como consultar saldos, realizar transferencias de dinero y encontrar cajeros automáticos, todo a través de interacciones conversacionales. Esto mejora la experiencia del usuario y reduce la carga de trabajo en el servicio al cliente.

5. Ética y Responsabilidad

Ejemplo: Google

Google ha establecido un comité de ética en inteligencia artificial para supervisar el desarrollo y la implementación de sus sistemas de IA. El comité se encarga de garantizar que los productos y servicios de IA de Google sean éticos, justos y responsables, y de abordar preocupaciones sobre privacidad, sesgo algorítmico y seguridad.

6. Colaboración Humano-IA

Ejemplo: IBM Watson

IBM Watson colabora con profesionales de la salud en la interpretación de imágenes médicas y la identificación de patrones en datos clínicos para ayudar en el diagnóstico y el tratamiento de enfermedades. Los médicos trabajan en colaboración con Watson, que proporciona análisis de datos y recomendaciones basadas en evidencia para mejorar la precisión y la eficiencia de la atención médica.

Estos ejemplos ilustran cómo empresas líderes están aplicando con éxito las tendencias emergentes en inteligencia artificial para mejorar la eficiencia operativa, personalizar las experiencias de los clientes, prever tendencias y tomar decisiones informadas, al tiempo que abordan cuestiones éticas y fomentan la colaboración entre humanos y sistemas de IA.

A medida que avanzamos hacia el futuro, la inteligencia artificial continuará transformando radicalmente la forma en que se hacen negocios. Las tendencias emergentes en el desarrollo y la aplicación de la IA están impulsando la innovación, mejorando la eficiencia operativa y creando nuevas oportunidades para las empresas. Al comprender y adoptar estas tendencias, las empresas pueden mantenerse a la vanguardia en un mundo empresarial cada vez más impulsado por la IA. Sin embargo, es crucial abordar las cuestiones éticas y de responsabilidad para garantizar que la IA se utilice de manera ética y beneficiosa para la sociedad en su conjunto.

Capítulo X : Más herramientas de Inteligencia Artificial para Autónomos y Empresas en 2025

En este capítulo, exploraremos algunas herramientas de inteligencia artificial que pueden ser útiles para autónomos y empresas que deseen mejorar sus operaciones y aumentar su eficiencia.

Mylens.ia: Creación de Imágenes Inteligentes

Imagina que quieres crear una imagen para promocionar tu negocio, pero no eres muy hábil con los programas de diseño gráfico. Aquí es donde entra en juego mylens.ia. Esta herramienta utiliza la inteligencia artificial para convertir descripciones de texto en imágenes sorprendentes. Simplemente escribes una descripción de lo que quieres y mylens.ia generará una imagen basada en esa descripción. Es perfecto para crear contenido visual para tus redes sociales, sitio web o materiales de marketing sin necesidad de ser un experto en diseño.

Leonardo AI: Transformando Bocetos en Imágenes Realistas

Leonardo AI es como tener a un artista digital a tu disposición. Si tienes una idea en mente y quieres convertirla en una imagen realista, esta aplicación puede ayudarte. Todo lo que tienes que hacer es hacer un boceto básico de tu idea y Leonardo AI utilizará inteligencia artificial para convertirlo en una imagen detallada y realista. Es una forma rápida y fácil de visualizar tus ideas y crear contenido visual de alta calidad para tu negocio.

Midjourney: Optimización del Diseño de Sitios Web y Aplicaciones

El diseño de tu sitio web o aplicación móvil es crucial para la experiencia del usuario. Midjourney utiliza inteligencia artificial para ayudarte a optimizar el diseño de tu plataforma digital. Analiza datos sobre cómo interactúan los usuarios con tu sitio o aplicación y ofrece sugerencias para mejorar la navegación, la disposición de los elementos y la usabilidad en general. Con Midjourney, puedes asegurarte de que tu sitio web o aplicación ofrezca la mejor experiencia posible a tus clientes.

Ejemplo de imagen creada con Midjourney para un ecommerce @tiendachilin en IG y TikTok

TensorFlow Playground: Experimentación con Modelos de Aprendizaje Automático

¿Alguna vez has querido experimentar con el aprendizaje automático, pero no sabes por dónde empezar? TensorFlow Playground es el lugar perfecto para comenzar. Esta herramienta interactiva te permite explorar cómo funcionan los modelos de aprendizaje automático sin necesidad de saber programación avanzada. Puedes ajustar los parámetros y ver cómo afectan al rendimiento del modelo en tiempo real. Es una excelente manera de aprender sobre el aprendizaje automático de una manera práctica y divertida.

Deep Dream Generator: Creatividad Visual con Inteligencia Artificial

Deep Dream Generator es una herramienta de inteligencia artificial que te permite crear imágenes surrealistas y psicodélicas a partir de tus fotos. Simplemente cargas una imagen y la IA aplicará efectos artísticos únicos a la imagen. Es una forma divertida de experimentar con la creatividad visual y crear contenido único y llamativo para tus redes sociales, sitio web o proyectos personales.

Salesforce Einstein: Mejora de la Experiencia del Cliente y las Ventas

Salesforce Einstein es un conjunto de servicios de inteligencia artificial integrados en la plataforma Salesforce. Ayuda a mejorar la experiencia del cliente y aumentar las ventas utilizando datos y análisis predictivos. Por ejemplo, puede analizar el comportamiento de compra de los clientes y ofrecer recomendaciones personalizadas, o predecir cuando es más probable que un cliente cancele su suscripción para que puedas intervenir antes de que suceda.

Amazon SageMaker: Desarrollo y Despliegue de Modelos de Aprendizaje Automático

Amazon SageMaker es una herramienta que facilita el desarrollo y despliegue de modelos de aprendizaje automático en la nube de Amazon Web Services (AWS). Es ideal para empresas que deseen utilizar inteligencia artificial en sus operaciones pero no tengan la experiencia técnica necesaria. Con SageMaker, puedes crear, entrenar y desplegar modelos de aprendizaje automático sin necesidad de configurar y mantener la infraestructura subyacente.

Conclusiones Finales

A lo largo de las páginas de este libro, hemos emprendido un apasionante viaje hacia el corazón de la inteligencia artificial y su profundo impacto en el mundo empresarial, especialmente para autónomos y empresas emergentes. A medida que finalizamos este recorrido, es esencial recapitular los principales puntos discutidos para consolidar nuestro entendimiento y reflexionar sobre las oportunidades que se abren ante nosotros en este emocionante campo.

- **Definición y Alcance de la IA**: Comenzamos nuestro viaje definiendo la inteligencia artificial como el campo de estudio que se centra en la creación de sistemas que pueden realizar tareas que normalmente requieren inteligencia humana. Desde la automatización de procesos hasta la generación de insights a partir de grandes conjuntos de datos, la IA abarca una amplia gama de aplicaciones que transforman la forma en que las empresas operan y crecen.

- **Aplicaciones Prácticas de la IA:** A lo largo del libro, exploramos diversas aplicaciones prácticas de la IA en el ámbito empresarial. Desde la atención al cliente hasta la optimización de la cadena de suministro, la IA está demostrando ser una herramienta invaluable para mejorar la eficiencia operativa, aumentar la productividad y ofrecer experiencias personalizadas a los clientes.

- **Impacto en Autónomos y Empresas:** Reconocimos los profundos impactos que la IA tiene en autónomos y empresas de todos los tamaños. Desde la capacidad de competir en un mercado global hasta la capacidad de ofrecer productos y servicios innovadores, la IA está transformando la forma en que las empresas crean valor y generan ingresos.

- **Desafíos y Consideraciones Éticas:** A lo largo de nuestro viaje, también exploramos los desafíos y consideraciones éticas asociadas con la adopción de la IA en el ámbito empresarial. Desde preocupaciones sobre la privacidad de los datos hasta cuestiones relacionadas con el sesgo algorítmico, es crucial abordar estos problemas de manera proactiva para garantizar que la IA se utilice de manera ética y responsable.

- **Estrategias de Implementación:** Finalmente, presentamos una serie de estrategias prácticas para la implementación exitosa de la IA en los negocios. Desde la identificación de oportunidades de uso hasta la selección de herramientas y tecnologías adecuadas, es fundamental adoptar un enfoque estratégico y centrado en el cliente para maximizar el valor generado por la IA.

Reflexiones Finales

A medida que concluimos nuestro viaje por el emocionante mundo de la inteligencia artificial, es importante reflexionar sobre la importancia de esta tecnología para autónomos y empresas en la era digital. La IA no solo ofrece oportunidades sin precedentes para mejorar la eficiencia operativa y la toma de decisiones, sino que también está transformando fundamentalmente la forma en que las empresas interactúan con sus clientes, compiten en el mercado y crean valor para todas las partes interesadas.

En última instancia, la adopción exitosa de la inteligencia artificial no se trata solo de seguir una tendencia o mantenerse al día con la competencia, sino de abrazar una mentalidad de aprendizaje continuo y una cultura de innovación en toda la organización. Solo mediante un compromiso activo y una comprensión profunda de los principios fundamentales de la IA podremos aprovechar plenamente su potencial transformador y crear un futuro más brillante y próspero para nuestras empresas y nuestra sociedad en su conjunto.

Invitación a los Lectores

Por último, pero no menos importante, extendemos una cálida invitación a todos nuestros lectores a continuar explorando este apasionante tema y a embarcarse en su propio viaje hacia la adopción de la inteligencia artificial en sus negocios. Ya sea a través de la lectura adicional, la participación en cursos y talleres especializados, o la colaboración con expertos en IA, hay infinitas oportunidades para seguir aprendiendo y creciendo en este emocionante campo.

El futuro de los negocios está aquí, y la inteligencia artificial está lista para llevarnos hacia adelante hacia nuevas fronteras de innovación y éxito empresarial. ¿Estás list@ para unirte a esta emocionante revolución? ¡El momento de empezar es ahora!

Preguntas frecuentes sobre "Construyendo el Futuro: Guía Práctica de Inteligencia Artificial para Emprendedores en 2025":

¿Qué temas cubre el libro "Construyendo el Futuro: Guía Práctica de Inteligencia Artificial para Emprendedores en 2025?

El libro cubre una amplia gama de temas relacionados con la inteligencia artificial, incluyendo definiciones básicas, aplicaciones prácticas en el mundo empresarial, estrategias de implementación, desafíos y consideraciones éticas, entre otros.

¿Quién debería leer este libro?

Este libro está dirigido a emprendedores y empresarios que deseen comprender mejor cómo la inteligencia artificial puede beneficiar sus negocios y cómo pueden comenzar a implementarla de manera efectiva en sus operaciones.

¿Qué hace que este libro sea relevante para el año 2025?

Dado el rápido avance de la tecnología, es importante mantenerse al día con las últimas tendencias y prácticas en el campo de la inteligencia artificial. Este libro está diseñado específicamente para proporcionar información actualizada y relevante para el año 2025, incluyendo las últimas innovaciones y mejores prácticas en el uso de la IA en los negocios.

¿Cuáles son algunos ejemplos de casos de uso de la inteligencia artificial discutidos en el libro?

El libro incluye ejemplos prácticos de cómo la inteligencia artificial se puede utilizar e diversas áreas empresariales, como el marketing digital, la atención al cliente, la gestió de inventario, la predicción de la demanda y la toma de decisiones estratégicas.

¿Cómo puedo comenzar a implementar la inteligencia artificial en mi negocio después de leer este libro?

El libro proporciona una guía paso a paso para ayudar a los lectores a comenzar a implementar la inteligencia artificial en sus negocios. Esto incluye identificar oportunidades de uso, seleccionar las herramientas y tecnologías adecuadas, capacitar al personal y abordar los desafíos y consideraciones éticas asociadas con la adopción de la IA.

¿El libro aborda temas de ética y responsabilidad en el uso de la inteligencia artificial?

Sí, el libro dedica un capítulo específico a discutir los desafíos éticos y consideraciones responsables asociadas con el uso de la inteligencia artificial en el ámbito empresarial. Esto incluye temas como el sesgo algorítmico, la privacidad de los datos y el impacto en el empleo.

¿Dónde puedo encontrar más recursos sobre inteligencia artificial después de leer este libro?

El libro incluye una lista de recursos adicionales, como libros, cursos en línea, sitios web y comunidades en línea, donde los lectores pueden encontrar más información y continuar su aprendizaje sobre inteligencia artificial.

¿Por qué debería importarme la inteligencia artificial como emprendedor en 2025?

La inteligencia artificial está transformando la forma en que operan los negocios en todos los sectores. Como emprendedor, entender y aprovechar estas tecnologías puede ayudarte a mejorar la eficiencia, impulsar la innovación y mantener la competitividad en un mercado en constante cambio.

¿Qué habilidades necesito como emprendedor para implementar la inteligencia artificial en mi negocio?

Aunque no es necesario ser un experto en programación, es útil tener una comprensión básica de los principios de la inteligencia artificial y las tecnologías asociadas. Además, habilidades como la capacidad de identificar oportunidades de uso de la IA, liderar equipos y tomar decisiones estratégicas serán importantes para el éxito.

¿Cómo puedo evaluar si mi negocio está listo para adoptar la inteligencia artificial?

Algunos indicadores de que tu negocio podría estar listo para adoptar la inteligencia artificial incluyen la disponibilidad de datos relevantes, la capacidad de inversión en tecnología y la disposición del equipo para aprender y adaptarse a nuevas herramientas y procesos.

¿Qué beneficios puedo esperar obtener al implementar la inteligencia artificial en mi negocio?

Algunos beneficios incluyen la automatización de tareas repetitivas, la optimización de procesos, la mejora de la precisión en la toma de decisiones, el aumento de la personalización para los clientes y la identificación de nuevas oportunidades de negocio.

¿Cómo puedo mitigar los riesgos asociados con la implementación de la inteligencia artificial en mi negocio?

Para mitigar los riesgos, es importante realizar una evaluación exhaustiva de los riesgos potenciales, implementar medidas de seguridad robustas para proteger los datos, garantizar la transparencia en el uso de algoritmos y asegurarse de que el personal esté adecuadamente capacitado en el uso ético de la IA.

¿Qué recursos adicionales puedo utilizar para aprender más sobre inteligencia artificial después de leer este libro?

Además de los recursos mencionados en el libro, también puedes explorar cursos en línea, participar en conferencias y eventos sobre inteligencia artificial, unirte a comunidades en línea y seguir a expertos en redes sociales para estar al día con las últimas tendencias y desarrollos en el campo.

Glosario de términos relevantes

Inteligencia Artificial (IA): Un campo de la informática que se enfoca en desarrollar sistemas y tecnologías capaces de realizar tareas que normalmente requerirían inteligencia humana. Estos sistemas pueden incluir desde algoritmos simples hasta complejas redes neuronales.

Aprendizaje Automático (Machine Learning): Una rama de la inteligencia artificial que se enfoca en desarrollar algoritmos y modelos que permiten a las computadoras aprender de datos y mejorar su rendimiento sin necesidad de ser programadas explícitamente.

Redes Neuronales Artificiales: Modelos computacionales inspirados en la estructura y funcionamiento del cerebro humano. Estas redes están formadas por capas de nodos interconectados que procesan información y pueden utilizarse en aplicaciones de aprendizaje profundo.

Aprendizaje Profundo (Deep Learning): Una subdisciplina del aprendizaje automático que utiliza redes neuronales profundas con múltiples capas para aprender representaciones jerárquicas de datos complejos. Es especialmente útil para tareas como el reconocimiento de imágenes y el procesamiento del lenguaje natural.

Algoritmo de Recomendación: Un algoritmo utilizado para predecir y recomendar elementos de interés para un usuario, como productos en una tienda en línea o contenido en una plataforma de streaming. Estos algoritmos se basan en el análisis de datos de comportamiento y preferencias del usuario.

Procesamiento del Lenguaje Natural (NLP): Un campo de la inteligencia artificial que se centra en la interacción entre las computadoras y el lenguaje humano. Esto incluye la comprensión del lenguaje humano, la generación de texto y la traducción automática.

Visión por Computadora (Computer Vision): Un campo de la inteligencia artificial que se ocupa del análisis y procesamiento de imágenes y videos para realizar tareas como reconocimiento de objetos, detección de rostros y seguimiento de movimientos.

Automatización Robótica de Procesos (RPA): Una tecnología que utiliza robots de software para automatizar tareas repetitivas y basadas en reglas dentro de los procesos empresariales. Esto puede incluir la automatización de tareas administrativas, contables y de atención al cliente.

Big Data: Un término que se refiere a conjuntos de datos extremadamente grandes y complejos que superan la capacidad de los sistemas tradicionales de procesamiento de datos. La inteligencia artificial se utiliza a menudo para analizar y extraer información útil de estos conjuntos de datos.

Ética de la IA: Un campo de estudio que aborda los aspectos éticos y morales asociados con el desarrollo y uso de sistemas de inteligencia artificial. Esto incluye temas como el sesgo algorítmico, la privacidad de los datos y la responsabilidad social de los desarrolladores y usuarios de la IA.

Machine Learning as a Service (MLaaS): Un modelo de distribución en la nube que permite a las empresas acceder a algoritmos de aprendizaje automático y capacidades de procesamiento de datos como un servicio. Esto facilita la implementación de soluciones de aprendizaje automático sin necesidad de desarrollar algoritmos desde cero.

Chatbot: Un programa informático diseñado para simular conversaciones humanas, especialmente a través de interfaces de mensajería como chat en vivo y aplicaciones de mensajería. Los chatbots se utilizan comúnmente para brindar soporte al cliente y realizar tareas automatizadas.

Blockchain: Una tecnología de registro distribuido que proporciona un registro inmutable y transparente de transacciones. Blockchain se utiliza en aplicaciones como contratos inteligentes, sistemas de votación electrónica y seguimiento de la cadena de suministro.

Edge Computing: Un modelo de computación distribuida que consiste en procesar datos cerca de su origen, en lugar de enviarlos a centros de datos remotos. Esto permite una respuesta más rápida y eficiente en tiempo real, lo que es crucial para aplicaciones de IoT y sistemas de inteligencia artificial en el borde de la red.

Internet de las Cosas (IoT): Un concepto que se refiere a la interconexión de dispositivos físicos que pueden recopilar y compartir datos a través de internet. Esto incluye dispositivos como sensores, cámaras, vehículos y electrodomésticos inteligentes, que se utilizan en una variedad de aplicaciones inteligentes y automatizadas.

índice alfabético

R

- Redes Neuronales Artificiales

- Automatización Robótica de Procesos (RPA)

V

- Visión por Computadora (Computer Vision)

Bibliografia

1. Goodfellow, Ian, Yoshua Bengio, y Aaron Courville. "Deep Learning". MIT Press, 2016

2. Russell, Stuart J., y Peter Norvig. "Artificial Intelligence: A Modern Approach". Pearson, 2021.

3. Chollet, François. "Deep Learning with Python". Manning Publications, 2017.

4. Géron, Aurélien. "Hands-On Machine Learning with Scikit-Learn, Keras, and TensorFlow". O'Reilly Media, 2019.

5. Domingos, Pedro. "The Master Algorithm: How the Quest for the Ultimate Learning Machine Will Remake Our World". Basic Books, 2018.

6. Bostrom, Nick. "Superintelligence: Paths, Dangers, Strategies". Oxford University Press, 2016.

7. Tegmark, Max. "Life 3.0: Being Human in the Age of Artificial Intelligence". Vintage, 2018.

8. Rothman, Joshua. "The Machine That Would Be King: The Real-Life Thinking Machines That Inspired the Birth of AI". Farrar, Straus and Giroux, 2020.

9. Susskind, Richard. "The Future of the Professions: How Technology Will Transform the Work of Human Experts". Oxford University Press, 2017.

10. Marcus, Gary. "Rebooting AI: Building Artificial Intelligence We Can Trust". Pantheon, 2019.

11. https://www.fhios.es/herramientas-inteligencia-artificial-social-media/

Acerca del Autor

Daniel Losada, nació en 1985.

Desde temprana edad se interesaba por muchas cosas, su carácter imaginativo y creativo le hacían inventar sinfín de juegos y estrategias cuando jugaba con sus amigos de niño. Lo cual el sin saberlo estaba haciendo marketing y creación de

tácticas para ganar.

En 2008 vivió en Inglaterra y en 2011 obtuvo su **Licenciatura en Artes, Política y Relaciones Internacionales de la Universidad de Reading, Inglaterra.**

Trabajó por varios años en marketing directo y online para Lenovo, lo que antes se conocía como IBM. Durante este tiempo adquirió conocimientos en el mundo del marketing, costumer service y ecommerce.

Actualmente Daniel Losada destaca por su capacidad de crear, promover y hacer crecer negocios online. A principios de 2023 creó Chilin en España y la website www.chilin.es donde se promocionan productos exclusivos de las RRSS.

Su experiencia en Inteligencia Artificial IA se dio a partir de Chilin generando contenido online y textos, la podéis encontrar en Instagram y Tiktok como @tiendachilin

El correo electrónico es tiendachilin@gmail.com

Recientemente con el uso de la IA escribió el libro: **"Triunfa en Amazon FBA: Estrategias comprobadas para Vender con Éxito" (de venta en Amazon).**

Si deseáis contactar con Daniel Losada para cualquier duda, comentario o sugerencia, podéis hacerlo a: marketingdl.es@gmail.com

¿Quieres aprender más de mis trabajos?

Simplemente escanea este código QR y tendrás acceso a más material que seguramente encontraras muy interesante.

Agradecimientos

Gracias por existir:

Familia

Amigos

Samsara the cat @samsara_the_cat

Chat GPT

Midjourney

Alicante, España. 2024

Epílogo

En este epílogo final de **"Construyendo el Futuro: Guía Práctica de Inteligencia Artificial para Emprendedores en 2025"**, es momento de reflexionar sobre el viaje que hemos emprendido juntos y mirar hacia el futuro con optimismo y determinación. Hemos explorado las profundidades de la inteligencia artificial y hemos descubierto cómo esta tecnología está transformando radicalmente la forma en que hacemos negocios en el siglo XXI.

Al mirar hacia atrás, recordamos las lecciones aprendidas y los conocimientos adquiridos. Hemos comprendido la importancia de la inteligencia artificial como una herramienta poderosa para impulsar la innovación, mejorar la eficiencia operativa y ofrecer experiencias excepcionales a nuestros clientes. Hemos explorado casos de uso prácticos en una variedad de industrias y hemos aprendido estrategias efectivas para implementar la IA en nuestros propios negocios.

Pero nuestro viaje no termina aquí. A medida que avanzamos hacia el futuro, nos enfrentaremos a nuevos desafíos y oportunidades en el cambiante paisaje empresarial. La inteligencia artificial continuará evolucionando a un ritmo acelerado, y es crucial que sigamos aprendiendo, adaptándonos y aprovechando las nuevas tecnologías para mantenernos a la vanguardia de la innovación.

En este momento de reflexión, recordemos siempre la importancia de mantener una mentalidad abierta, estar dispuestos a experimentar y abrazar el cambio. La inteligencia artificial tiene el potencial de transformar radicalmente nuestras vidas y nuestras empresas para mejor, pero solo si estamos dispuestos a abrazar su potencia y utilizarlo de manera ética y responsable.

Así que aquí estamos, al final de este viaje, pero también al comienzo de uno nuevo. El futuro está lleno de posibilidades emocionantes y prometedoras, y depende de nosotros aprovechar al máximo cada oportunidad que se nos presente. Con determinación, creatividad y un espíritu de colaboración, podemos construir un futuro brillante y lleno de éxito para todos.

Gracias por acompañarme en este viaje. Que este libro sirva como guía y fuente de inspiración para tus propios esfuerzos en la construcción del futuro con la inteligencia artificial como aliada. ¡El futuro está en nuestras manos, y juntos podemos hacer grandes cosas!

¡Adelante hacia un futuro lleno de posibilidades infinitas!

Daniel Losada

FIN

www.ingramcontent.com/pod-product-compliance
Lightning Source LLC
La Vergne TN
LVHW051644050326
832903LV00022B/881